HABLEMOS CON ELLOS

HABLEMOS CON ELLOS

37 REFLEXIONES PARA DIALOGAR CON NUESTROS HIJOS

Oscar Brenifier

Coordinación
Miriam Martínez Garza

Grijalbo

Hablemos con ellos

37 reflexiones para dialogar con nuestros hijos

Primera edición: junio, 2014

D. R. © 2014, Oscar Brenifier

Coordinación: Miriam Martínez Garza

D. R. © 2014, derechos de edición mundiales en lengua castellana:
Penguin Random House Grupo Editorial, S.A. de C.V.
Blvd. Miguel de Cervantes Saavedra núm. 301, 1er piso,
Colonia Granada, delegación Miguel Hidalgo, C.P. 11520,
México, D.F.

www.megustaleer.com.mx

Comentarios sobre la edición y el contenido de este libro a:
megustaleer@penguinrandomhouse.com

ISBN 978-607-312-330-3

Impreso en México / *Printed in Mexico*

Índice

Prólogo

No es fácil debatir en casa, ya sea en pareja o entre padres e hijos. No sólo porque las ideas y las formas de pensar de cada quien no son las mismas, sino porque los diversos intereses de cada cual, más o menos manifiestos, desempeñan un papel decisivo: tener el poder, la autonomía, la responsabilidad, la sensibilidad, el reconocimiento, el estatus, etcétera; intereses que a menudo no son muy claros, tan inconscientes como cargados de emociones. Tanto obstáculos como discusiones bien fundamentadas, las perspectivas y las expectativas de padres e hijos a menudo son irreconciliables. ¿De qué se trata?, ¿de intercambiar perspectivas, de confrontarse, de negociar?, ¿quién tiene la razón?, ¿quién dirá la última palabra? No existe una solución milagrosa para ese tipo de situaciones y no pretendo proporcionarla. Más bien abordo varios temas, algunos de los más comunes en el seno de la familia; describo dilemas clásicos que los articulan, pero no intento proporcionar la llave maestra para solucionarlos, por frustrante que sea para el lector, en particular para el padre que desearía "resolver el problema" o "conocer la verdad".

Entonces, ¿cuál es mi objetivo?, ¿qué quiero lograr con una obra como ésta?

En primer lugar, mostrar que este tipo de discusiones son universales, es decir, banalizar los intereses. ¡Cuántos hijos y cuántos padres dramatizan las discusiones cotidianas que sostienen con sus hijos, atribuyéndoles un carácter extraordinario! Una vez que nos percatemos de que el tema y el arrebato que las acompañan carecen de gran importancia, no podremos evitar tomar cierta distancia de ellas. ¡Cuántos hijos acusan a sus padres de ser diferentes y extraños comparados con otros padres, e incluso de no comportarse como "verdaderos" padres! ¡Cuántos padres ven a sus hijos como casos extremadamente especiales! Las percepciones anteriores resultan comprensibles y absurdas a la vez. Sin embargo, entender que todas esas situaciones son repetitivas y previsibles nos permitirá reírnos de ellas.

Después, debemos tener conocimiento de nosotros mismos, seamos padres o hijos, para que al mostrar nuestros comportamientos habituales: obsesiones, estereotipos, mala fe, terquedad, etcétera, esta conciencia de nosotros mismos nos haga más comprensivos.

A continuación, debemos fomentar la reflexión por medio de argumentos multidireccionales, lo cual permitirá enfocar los problemas desde todos los puntos de vista posibles. Este análisis, por muy reducido que sea, ofrecerá un complemento importante al diálogo.

Por último, una recomendación: la paciencia es el secreto de todo acercamiento y, por ello, es el obstáculo principal en la mayoría de los diálogos familiares; por extraño que parezca, más que el contenido y los argumentos, es la paciencia el receptor en el cual se articula el pensamiento y el intercambio, pues permite escuchar sin irritarse demasiado con ciertas posturas y, por tanto, sin abandonar los principios o valores básicos.

1. ¿Por qué mentimos?

JULIA: ¡Es increíble! Me hizo creer que no vino a verme porque sus papás no le dieron permiso, pero en realidad estaba en casa de Magali. Pensé que era mi amiga…

PAPÁ: ¿Tú a veces no dices mentiras?

JULIA: ¡Pero no como ésta!

PAPÁ: ¿Pero sí lo haces a veces?

JULIA: ¡Como todo el mundo!

PAPÁ: Pues, si todo el mundo miente, ¿por qué te enojas tanto?

JULIA: Sí, ¡pero no inventes, ella se pasa!

PAPÁ: ¿Ya intentaste entender por qué te mintió?

JULIA: No, estaba muy enojada.

PAPÁ: Inténtalo, para ver qué pasa.

JULIA: ¡No sé por qué me mintió! Ella no quería que yo supiera que estaba en casa de Magali.

PAPÁ: ¿Por qué?

JULIA: Porque sabía que yo quería que me viniera a visitar.

PAPÁ: ¿Y saberlo te hubiera lastimado?

JULIA: ¡Obvio!

11

PAPÁ: ¡Pues ve cómo sí es tu amiga!, te mintió para no lastimarte, tenía buenas intenciones.

JULIA: ¡Ay sí, qué fácil! Lo que quería era que no me enterara, porque tenía miedo de que me enojara.

PAPÁ: Entonces te dice mentiras por tu culpa, ¡porque te tiene miedo!

JULIA: Es por eso... ¡sí, cómo no!

PAPÁ: Y tú, el otro día cuando me mentiste ¿por qué lo hiciste?

JULIA: ¿Cuándo?

PAPÁ: Cuando me dijiste que no te habían dado los resultados del examen de matemáticas.

JULIA: Ah sí, pero eso no es nada. Te lo hubiera dicho de todas formas.

PAPÁ: Puede ser, pero ¿por qué me mentiste?

JULIA: En realidad esa no fue una mentira. El profesor nos debía haber entregado los resultados otro día. Además, si te lo hubiera dicho, no me hubieras dejado salir con mis amigas.

PAPÁ: ¡Entonces me mentiste para hacer tu voluntad!

JULIA: ¡La verdad, eso no es tan grave! Tú me dices que mienta cuando quieres que le diga a Roger que su pintura está bonita, aunque yo piense que es mala y tú también.

PAPÁ: Sí, pero él está chiquito, ¡hay que darle ánimos!

JULIA: Puede ser, ¡pero también es una mentira!

PAPÁ: Sí, pero ya sabes, una mentira depende de por qué se dice. ¡Si no se dice para abusar de alguien, en realidad no es una mentira!

JULIA: ¿Entonces qué es?

PAPÁ: Se les llama "mentiras blancas" a las que se dicen para animar a alguien o para no desanimarlo.

JULIA: Sí, pero también son mentiras.

Papá: Si así lo quieres ver... En fin, no siempre es bueno decir la verdad, sobre todo si puede herir a alguien o hacerle daño, como cuando una persona está muy enferma o frágil psicológicamente.

Julia: **Puede ser, pero tú no estás enfermo y no te gusta que te mienta. Te enojas conmigo cuando miento.**

Papá: Sí, es cierto, porque en una familia se debería tener confianza; si no, sería terrible.

Julia: **Pues sí, los amigos deberían tenerse confianza también, ¿no? Entonces, tengo razón de estar enojada con mi amiga, ¿ves?**

Papá: Puede ser... en fin, en la sociedad lo más difícil es no mentir, porque así se provocan los conflictos. Si le dijéramos a todo mundo lo que pensamos de ellos, ¡imagínate!

Julia: **En eso sí tienes razón, ¡no me gustaría saber lo que los otros dicen de mí a escondidas!**

Reflexión

Podríamos definir al ser humano como un animal mentiroso, por una parte, porque está dotado del don de la palabra consciente y deliberada y, por otra, porque puede inventar la realidad. Existen dos formas de mentira: por comisión, la que afirma lo que no es y por omisión, la que no dice lo que es, aunque esta última a menudo no es considerada como una forma de mentira, por comodidad. En ambos casos, la mentira se puede realizar de forma total o parcial, pero siempre es voluntaria y tiene la intención de engañar al prójimo, de manipularlo, con buenas o malas razones. Un ejemplo de la primera modalidad es la famosa "mentira blanca", que consideramos "bien intencionada". Como sea, para mentir hace falta conocer la verdad, pues no se puede mentir a partir de la ignorancia, a menos que esa ignorancia sea alguna forma de negación entre la conciencia y la inconsciencia. Debido a que la frontera entre esas dos dimensiones es muy delgada, muchas veces, el engaño termina por difuminarse, a tal grado que a la larga, podemos llegar a creer nuestras propias mentiras y olvidar la realidad.

¿Por qué mentimos y por qué lo hacemos tan frecuentemente? En primer lugar, para defendernos: cuando nos sentimos amenazados o acusados, es el medio más fácil para escapar del peligro. En segundo lugar, para fabricar una imagen: el ser humano no es solamente lo que es, sino lo que quiere y lo que aspira a ser. Es fácil y tentador confundir los deseos con la realidad, el ideal y la normalidad, la ilusión y lo real.

En tercer lugar, mentimos por diversión, por instinto de juego. Las bromas son una forma de mentira que funciona por medio del disfraz de la realidad. La ironía es una forma clásica, incluso considerando que su intención es hacer la verdad evidente. Sirve para protegerse del prójimo y de la verdad, al poner un poco de distancia. Como juego, se puede construir una mentira que termina por olvidar su estado artificial. Del mismo modo, la retórica y las formas literarias pueden, por medio de desplazamientos ocultos, terminar por ocultar la verdad.

Ahí se encuentra la diferencia entre mentiroso y mitómano: el primero está consciente de que su mentira es mentira; el segundo lo olvida, se vincula mucho con su invención, ya que necesita de ella.

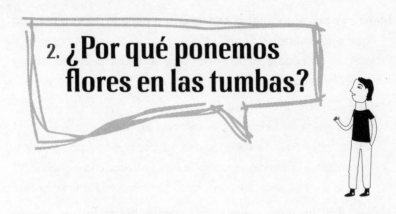

2. ¿Por qué ponemos flores en las tumbas?

MARTÍN: Oye, papá: ¿por qué ponemos flores en la tumba del abuelo? No las va a disfrutar, está muerto.

PAPÁ: Sí, es un poco absurdo, pero al mismo tiempo no podemos hacer como que nunca existió. Debemos mostrar que está todavía en nuestros corazones, que no lo hemos olvidado.

MARTÍN: ¿Como si todavía estuviera vivo?

PAPÁ: De algún modo.

MARTÍN: Así se puede vivir eternamente, si la gente se acuerda de uno.

PAPÁ: Sí, pero mira todas las tumbas que están solas, se están deteriorando. Nadie las cuida. Un día terminaremos siendo olvidados.

MARTÍN: La tía Lola dice que cuando uno muere, nuestra alma se escapa de nuestro cuerpo, porque esa no muere.

PAPÁ: La tía Lola es creyente. Para ella no importa sólo el cuerpo, incluso puede que sea lo menos importante. Ella reza mucho y espera ir al paraíso cuando muera, para estar cerca de Dios.

MARTÍN: ¿Pero tú no crees en eso?

PAPÁ: No lo sé. Nadie ha regresado de entre los muertos para decirnos qué es lo que pasa en realidad. Tengo mis dudas, pero creo que bien podría terminarse todo al morir.

Martín: ¡Y por eso vienes al cementerio a ponerle flores a tu papá que está muerto!

Papá: Sí, es un poco contradictorio, pero es una especie de ritual y también lo hago por ti y por tu hermana.

Martín: ¿Cómo?

Papá: Puede ser que todavía no te des cuenta, pero se necesita tener raíces, saber que se viene de algún lado, que no estamos solos, que nuestra existencia es parte de una gran cadena humana. Así uno se siente menos solo, eso le da sentido a nuestra existencia.

Martín: Está un poco complicado, pero entiendo lo que quieres decir. Así da menos miedo morir. ¿No es también un poco por eso que tuviste hijos?

Papá: Es una manera extraña de ver las cosas, pero en el fondo no te equivocas. Uno continúa viviendo a través de los hijos.

Martín: Sí, ¡por eso te enojas cuando saco malas calificaciones! A veces pienso que las calificaciones son para ti.

Papá: Bueno, ¡estás exagerando!, aunque a veces yo decía lo mismo de mi papá.

Martín: Como mi amigo Luis: su papá quiere que sea campeón de tenis, así se hará famoso y no lo olvidarán.

Papá: Se dice que los héroes son inmortales, porque son recordados en los libros y en el cine.

Martín: Lo que me pregunto es por qué tenemos miedo a la muerte, si ya no hay nada más después.

Papá: Es lo desconocido lo que nos da miedo. No sabemos qué es lo que pasa y eso nos inquieta.

Martín: Pero sí vemos lo que pasa, el cuerpo se descompone.

Papá: En el fondo, creo que esa verdad es muy dura. Deseamos sobrevivir a toda costa y por eso siempre esperamos que exista otra cosa. ¡Creemos que la vida no se puede acabar así!

MARTÍN: Al mismo tiempo, puede ser que la vida sea más interesante, precisamente porque no dura para siempre.

PAPÁ: Es difícil aceptarlo, pero es verdad, sin lugar a dudas.

Reflexión

La muerte afecta a todos los seres vivos. Se trata de la interrupción definitiva de los procesos fisiológicos, es decir, el cese de las funciones vitales como la nutrición, la respiración, la reproducción y, en general, la descomposición de las estructuras anatómicas. Al igual que el nacimiento, la muerte es una de las características de los seres vivos; sin embargo, la definición de este principio fatal presenta diversos problemas, algunos generales y otros específicos de los seres humanos. Por ejemplo, se habla del "nacimiento" y "la muerte" de las estrellas, aunque no sean de naturaleza biológica, y por eso se podría cuestionar que esa sea la terminología adecuada, incluso si se considera al universo como un ser viviente.

También a ciertas células se les declara "inmortales" porque pueden engendrar un número ilimitado de células hijas, como es el caso de los organismos unicelulares que se reproducen por medio de bipartición. En cambio, en los seres vivos superiores se distingue la "muerte cerebral", que indica la interrupción de la actividad en ese órgano, así como de la actividad cardiaca y circulatoria. Todo esto nos demuestra que la muerte no es evidente.

En el caso del ser humano, éste se caracteriza tanto por la conciencia, como por el deseo y la capacidad de incidir en la realidad del mundo, la muerte no es más que un hecho inevitable. En el plano práctico, el hombre puede "aplazar" la muerte: el desarrollo de la medicina y del nivel de higiene han alargado considerablemente la duración de la vida. Por medio de la criogenia, el ser humano puede prolongar su existencia de manera indefinida en una especie de hibernación; sin embargo, la eutanasia, el aborto y el suicidio permiten acortar deliberadamente la vida sin otra finalidad que la de controlar la existencia.

En el plano simbólico, el ser humano es el único animal que entierra a sus muertos o los incinera en medio de ceremonias de término de la vida que se considera otorgan una especie de eternidad a la persona o a su alma.

La resurrección en el fin de los tiempos, el regreso al fuego original, el paso al "más allá" y la metempsicosis son algunos conceptos religiosos que permiten relativizar o anular a la muerte. Algunos otros principios también lo permiten: el culto al recuerdo, que perpetúa a la persona a través de sus descendientes; la producción artística, a través de una obra; la fama, a través de la memoria colectiva; y la identificación con la humanidad, que permite pensar que todas las vidas dejan, sin lugar a dudas, rastros indelebles. Incluso el principio existencial libera al hombre de la muerte, al afirmar que ésta no lo afecta en nada, porque una vez muerto, deja de existir.

3. ¿Quién no respeta a quién?

MAMÁ: Lucas, ¿puedes levantar tus cosas y poner la mesa para el desayuno?

Lucas no responde a su mamá y continúa escribiendo en su libreta.

MAMÁ: Lucas, por enésima vez, ¿puedes levantar tus cosas y poner la mesa para el desayuno?

LUCAS: ¡Está bien, ya voy, ya voy! ¡Para empezar sólo me lo has pedido dos veces, tampoco exageres!

MAMÁ: ¡Es que todo el tiempo es igual! ¡Parece que le hablo a la pared!

LUCAS: Hablando de paredes, tú estás igual. Cuando pides algo, hay que hacerlo enseguida, en ese mismo segundo; si no, te enojas. Creo que poner la mesa podía esperar dos minutos, en lo que acababa lo que estaba haciendo. Además, no sé por qué es a mí al que le pides que haga todo y no a mi hermana.

MAMÁ: ¿Ah, sí? ¡No recuerdo haberte pedido que fueras a comprar el pan y que pasaras al correo esta mañana!

19

LUCAS: ¡Bah, además ni vale la pena! ¡No sirve de nada discutir contigo! ¡No entiendes nada!

MAMÁ: ¡Te prohíbo que me hables así! ¿Me oyes?

Lucas no responde. Rabioso, comienza a levantar sus cosas y a poner la mesa, en tanto que su mamá se ocupa en la cocina. Después de un instante, mamá vuelve a hablar.

MAMÁ: Está bien, acepto que me enojo un poco rápido, pero si ya sabes, ¿por qué no haces un esfuerzo para darme gusto?

LUCAS: Yo sí me esfuerzo, me esfuerzo todo el tiempo, pero tú no te das cuenta. Todo lo que ves es lo que no te gusta. Es muy cansado. Tú tampoco haces nada por darme gusto.

MAMÁ: ¡Escucha! ¡No es sólo conmigo que te enojas, también con tu hermana, como hoy en la mañana!

LUCAS: ¡Sí, lo que sea!

MAMÁ: Pues sí, ¡ella tiene tantos derechos como tú! ¡Hasta con tu papá te comportas así!

LUCAS: ¡Claro! Como de costumbre, siempre soy yo el que tiene la culpa.

MAMÁ: Nadie dice que tengas siempre la culpa, pero tienes que admitir que no es tan divertido estar contigo en estos momentos. Estás muy susceptible.

LUCAS: Pues precisamente, si estoy susceptible en este momento, ¿por qué no me dejan en paz un rato, en lugar de enojarse por todo lo que hago?

MAMÁ: Tal vez te toca a ti hacer el esfuerzo de ser menos susceptible. Si todos hiciéramos como tú, sería el infierno.

LUCAS: Acuérdate del mes pasado, estabas triste porque te enteraste de que tu mejor amiga estaba muy enferma y papá nos dijo que no te molestáramos. ¿Por qué no pueden hacer lo mismo conmigo?

MAMÁ: Es una cuestión de respeto. Tú no tienes derecho de ser insolente con tus padres ni de ser grosero con los demás.

LUCAS: ¿Ves?, te pido que me entiendas y tú, como siempre, me regañas. ¡Como siempre, tú tienes la razón!

MAMÁ: Pero si hay algo que te preocupa, basta con que lo digas.

LUCAS: ¿Y si no quiero hablar de lo que me pasa?

MAMÁ: Entonces no te sorprendas de que nadie te comprenda.

LUCAS: No quiero que me comprendan, sólo quiero que me respeten.

MAMÁ: ¡Ah vaya! ¿Y qué quiere decir respeto para ti?

LUCAS: Es aceptar que tengo derechos, como cualquiera.

MAMÁ: ¿No crees que es, mejor dicho, preocuparse un poco por los demás, para que todo salga bien y se tome en cuenta a todos?

LUCAS: El respeto es dejar hacer al otro lo que quiera.

MAMÁ: Y el respeto es cuestión de dar y recibir, ¿no?

LUCAS: Y siempre soy yo el que tiene que empezar...

Reflexión

Convivir no siempre es fácil, ya sea en la familia, en el trabajo o dentro de la sociedad. Pues, aunque en cualquier grupo de referencia tenemos intereses, fines y características comunes, todos los días encontramos diferencias y divergencias que nos generan tensiones o conflictos, incluso entre las personas más cercanas a nosotros. Además, a veces parece que es con aquellos que están más cerca de nosotros con los que discutimos más, y eso es más o menos lógico, ya que la intimidad genera desacuerdos, o dicho de otro modo: la costumbre genera irritación.

Por una parte, la convivencia continua aumenta los posibles conflictos, pues estamos más conscientes de nuestros desacuerdos; por otra parte, todos tenemos ciertas expectativas de nuestras relaciones con el prójimo, pero las expectativas de éste no siempre corresponden a las nuestras, porque el alma humana es cambiante y nuestros deseos cambian de acuerdo con el momento, y seguramente los deseos de aquellos que nos rodean también varían. Además, a menudo deseamos cosas contradictorias y no podemos esperar que otro vea claramente dentro de nuestras propias contradicciones. Por ejemplo, a menudo vemos entre los adolescentes un deseo a la vez de independencia y de necesidad de la presencia de los padres, o es común que aquellos que piden el respeto de alguien sean irrespetuosos con ese alguien.

Los fervientes partidarios de la ley y el orden piensan que ellos mismos se encuentran por encima de esa ley y de ese orden. Los enamorados que se pelean fácilmente, sin duda lo hacen porque piden ser amados antes que amar. La gran variedad de miedos, deseos y esperanzas es, sin duda, el motor de la vida en conjunto y, a la vez, su principal obstáculo, porque incluso cuando la razón prevalece, cuando atenúa las tensiones, nos deja entrever las posiciones irreductibles que generan intransigencias, mismas que a su vez, ocasionan los conflictos.

4. ¿Por qué no le das limosna al mendigo?

LUCÍA: Oye papá, ¿ves al señor que está ahí en la calle? ¿Por qué no le das una limosna?

PAPÁ: ¡Tú has visto la cantidad de personas que uno se encuentra en la calle mendigando, uno no puede darle a todo el mundo!

LUCÍA: Sí, pero, ¿por qué a veces das y a veces no das? A mí me parece que eso no es justo.

PAPÁ: Mira, la caridad no es precisamente un problema de justicia, más bien es un problema de generosidad, una elección personal. Uno actúa de acuerdo con su propia conciencia.

LUCÍA: Bien, ¡entonces me vas a decir que no te sientes muy generoso hoy! Se me hace una salida muy fácil.

PAPÁ: ¡Qué dura eres conmigo! Tal vez es que no podemos darle dinero a todo el mundo. ¿Sabes cuántas personas en la calle no tienen nada?

LUCÍA: Pero, si yo te pidiera dinero para comprar algo, estoy segura de que me lo darías, aunque tenga menos necesidad que él.

PAPÁ: Indudablemente, tienes razón, pero tú eres mi hija, yo te traje a este mundo, es mi deber educarte, soy responsable de ti.

LUCÍA: ¿Y no eres responsable de otras personas? ¿Aunque se mueran de hambre frente a ti?

PAPÁ: Planteas un verdadero problema. En efecto, si yo viera que alguien se está muriendo delante de mí, sin duda haría algo. Estaría obligado, de otra forma se me podría acusar judicialmente por no ayudar a una persona en peligro.

LUCÍA: Entonces tú consideras que ese hombre que mendiga ahí en la calle no está en peligro y por tanto, consideras que no lo debes ayudar.

PAPÁ: Sí hay una forma de ayudar: votar en las elecciones para elegir un gobierno que se encargue de este problema a gran escala, que pueda ocuparse de los problemas económicos y sociales. Porque nosotros solos no podemos resolver todos los problemas de la sociedad.

LUCÍA: Tú esperas a las elecciones y que el gobierno haga algo. ¡Pero siempre hay gente pobre!

PAPÁ: Sin embargo, existen ya iniciativas para ayudar a los necesitados, aunque podría haber más, lo reconozco, que no fueran para solucionar sus problemas inmediatos con programas que duran muy poco, sino que hagan algo para disminuir la desigualdad.

LUCÍA: ¿Entonces por qué está ese hombre mendigando en la calle?

PAPÁ: Pues… tal vez no quiera la ayuda que se le da. Puede ser que quiera resolverlo él solo.

LUCÍA: Realmente no entiendo, ¿por qué alguien no querría que lo ayudaran? Aunque a mí tampoco me gustaría, creo que preferiría estar sola; pero pregúntale, así sabremos si quiere ayuda o no.

PAPÁ: No sé si le gustaría que le hagas preguntas sobre su vida, pero hazlo, como eres una niña, tal vez no le molestará tanto hablar contigo.

LUCÍA: ¡Mejor no! Me da mucho miedo, pero si tú vienes conmigo, está bien.

PAPÁ: Bien, de acuerdo. Regresemos para preguntarle si quiere ayuda o solamente quiere limosna.

LUCÍA: Pero, ¿por dónde se fue? ¡Ya no está ahí! ¡Nunca sabremos lo que quería realmente!

Reflexión

La solidaridad tiene dos sentidos: por un lado, la unidad de sentimientos y de acción en un grupo; por otro lado, la ayuda mutua entre los miembros de una misma especie o sociedad. El término proviene del latín *solidus*, que se refleja en el doble sentido de "entero" y de "salvo"; lo que es sólido resiste mejor y mantiene su integridad. "La unión hace la fuerza", dice el dicho.

Así, uno considera que mediante la unión entre los miembros de una misma sociedad nos podemos "salvar", es decir, sobrevivir a los múltiples peligros y satisfacer nuestras necesidades; y dado que el hombre es un animal social, es mediante la sociedad a la cual pertenece que el hombre se convierte realmente en él mismo. En cambio, en la soledad está mutilado y aislado.

La solidaridad toma dos formas: instintiva y sentimental o calculada y razonada. La primera implica que natural o instintivamente queremos relacionarnos con nuestros congéneres, deseamos ayudar a quien está en problemas debido a cierta empatía o simpatía. La segunda implica que, por el acto reflexivo que nos caracteriza como especie, razonamos y vemos claramente que mediante la asociación con otros, nos podemos facilitar la vida y satisfacer mejor nuestras necesidades, como por ejemplo, en la división el trabajo, que es una práctica ancestral, ya sea aplicada en estrategias de caza o de combate, o en la organización social misma.

A esta solidaridad le atribuimos un valor moral, cuando el acto de solidaridad se considera bueno en sí mismo. O bien, le atribuimos un valor utilitario, es decir que debemos actuar de forma solidaria únicamente si nos aseguramos de que este acto es eficaz y de que será considerado bueno, en virtud de su utilidad.

Y si uno parte del principio de la superioridad individual, actuamos de forma solidaria únicamente si obtenemos algo a cambio, como un salario o recompensa: por principio de reciprocidad, por ejemplo, como una especie de garantía compartida. Obviamente, estas diferentes concepciones de la solidaridad pueden entrar en conflicto entre sí, entre los diversos miembros de una misma sociedad, e inclusive dentro de una misma persona. Tiene que ver con cómo se articula el concepto dentro de la familia y, de forma más calculada, en la sociedad en general.

5. ¿Cómo reaccionar ante la autoridad?

MAMÁ: ¡Vaya! Traes una cara extraña. ¡Parece que las cosas no van bien!

ANTONIO: Es otra vez ese vigilante, el alto con la cola de caballo del que ya te había hablado. No sé quién se cree que es, pero no debería hablarnos así.

MAMÁ: ¿Qué te pasó que estás tan alterado?

ANTONIO: No estoy alterado, pero no tiene derecho de tratarnos como ganado.

MAMÁ: Pero, ¿cómo quieres que te entienda si no me explicas bien?

ANTONIO: Verás, comenzando el recreo, estaba jugando con mis amigos, simulando una pelea, como en las películas, y uno de ellos se tiró en el pasillo como si se hubiera golpeado fuertemente. En ese momento llegó el vigilante y, como no había visto nada, nos amenazó con mandarnos con el director, por pelearnos en los pasillos.

MAMÁ: Seguramente él sólo vio a uno de ustedes en el piso del corredor.

ANTONIO: Sí, pero le empecé a explicar que no estábamos haciendo nada malo, y no me dio tiempo de hablar; nos dijo que no le interesaba saber qué estábamos haciendo, y que si no nos íbamos al patio inmediatamente, nos iba a castigar a los cuatro.

MAMÁ: Bueno, eso no me parece muy malo. El joven sólo estaba haciendo su trabajo.

ANTONIO: Sí, ¡pero de todas formas! Cuando a uno lo acusan de algo, uno tiene derecho a defenderse. Nos dijo el profesor de historia que incluso está registrado en la ley. ¡Por tanto, es injusto!

MAMÁ: ¡Eso no tiene nada que ver con la justicia o la injusticia! ¡Ni te cástigaron! ¿No te parece que haces mucho alboroto por cosas que no son para tanto? Ese muchacho estaba haciendo únicamente lo que debía hacer: vigilarlos y decirles qué hacer.

ANTONIO: Es injusto porque juzga sin saber realmente lo que pasó. Si él es el que da las órdenes y es injusto, yo digo que no tiene derecho a dar órdenes.

MAMÁ: El que sea justo o injusto no tiene nada que ver con que tenga derecho a ordenar. Lo hace porque ese es su trabajo, eso es todo. Se le dio esa responsabilidad y la debe cumplir.

ANTONIO: Bueno, si es así, nosotros no necesitamos que alguien nos ordene cosas. Nos las arreglaremos solos. Es lo mismo.

MAMÁ: ¿Ah sí? El otro día, cuando a tu compañero le robaron su libro, ¡bien que te dio gusto encontrar al vigilante!

ANTONIO: Sí, pero esa vez le pedí que hiciera algo. No es lo mismo.

MAMÁ: Tienes una visión muy extraña de la autoridad: el que da las órdenes debe obedecer las exigencias del mismo al que ordena. ¡Es como el mundo al revés!

ANTONIO: Tal vez, pero no tiene derecho de prohibirnos hablar.

MAMÁ: ¡Ah bueno! Es que según yo, una de las reglas de tu escuela es que no deben hacer ruido en los pasillos. Y si él empezaba a discutir contigo, nunca iban a terminar...

28

ANTONIO: No estábamos molestando a nadie, no había clases en ese momento. ¡Tampoco hay que exagerar!

MAMÁ: Dime, si estás retando a la autoridad del vigilante y las reglas del colegio, ¿no será que solamente quieres hacer lo que te da la gana?

ANTONIO: Creo que de todas formas ya estamos grandes como para que se nos deje en paz.

MAMÁ: ¿Y eres lo suficientemente grande para entender que los hombres y mujeres en una ciudad estamos obligados a tener reglamentos y personas que los apliquen?

ANTONIO: Acepto, pero no puede ser cualquiera y no puede hacerlo de cualquier modo.

Reflexión

La autoridad es un concepto paradójico: al mismo tiempo la queremos y la detestamos. Cuando una autoridad nos impide hacer lo que queremos, nos molesta, cuando nos protege, la disfrutamos. Lo mismo aplica en el terreno personal: cuando nuestra autoridad nos lleva a hacer lo que queremos, somos felices, pero cuando implica responsabilidades y, por tanto, una restricción a la libertad, nos quejamos. Esa es la contradicción del poder. El poder es una libertad pero, como toda libertad, implica consecuencias, lo que nos marca la necesidad o las obligaciones, pues no hay libertad si no hay necesidad. Desde el momento en que decidimos algo, tenemos que aceptar el encadenamiento, muchas veces ineludible, que genera este compromiso.

¿Qué es la autoridad? Es un poder que se otorga a alguien sobre una o más personas, o sobre sí mismo. Esta autoridad se impone a aquellos a quienes corresponde, ya sea que hayan participado o no en la delegación de esa autoridad a quien la detenta.

En el caso de los procesos electorales, optamos por alguna opción de forma libre y podemos recriminarnos a nosotros mismos si elegimos mal; en cambio, los hijos no eligen a sus padres. En todos los casos figurativos, oscilamos entre la confianza y el recelo, entre la alegría y la desgracia, entre la colaboración y la resistencia. Así, nuestra relación con la autoridad se vuelve inestable, conflictiva y rara vez está exenta de problemas.

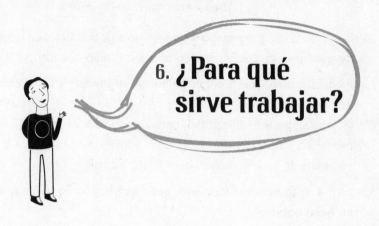

6. ¿Para qué sirve trabajar?

JOAQUÍN: Estoy harto de quedarme a estudiar todos los días. ¿Por qué no puedo salir a las cuatro y media, como Mathilde?

MAMÁ: Ya sabes que necesitas ayuda para hacer la tarea y que tu papá y yo llegamos muy tarde para ayudarte.

JOAQUÍN: Sí, pero mira, entro a las ocho y media, ¡ve la cantidad de horas que paso en la escuela!

MAMÁ: ¡Y la cantidad de horas que nosotros pasamos en el trabajo!

JOAQUÍN: Exactamente, no entiendo por qué. ¡La vida no es para estar trabajando todo el tiempo!

MAMÁ: ¿Y cómo crees que los podríamos mantener si no trabajáramos?

JOAQUÍN: ¡No me digas que nos moriríamos de hambre si no trabajaras tanto!

MAMÁ: Dime, ¿quién es el que quiere le que compren ropa bonita, cuando no se trata de un teléfono o un reproductor de música de última generación?

JOAQUÍN: ¡Si no tuvieran dinero, no les pediría nada! ¡De todas maneras no me compras todo lo que te pido! Y si te quedaras en casa me podrías ayudar a hacer la tarea.

31

MAMÁ: ¿Y no te has preguntado si yo prefiero salir a trabajar en lugar de quedarme en casa, para lograr cosas o para conocer gente?

JOAQUÍN: **Está bien, ¡pero entonces no me digas que es por obligación!**

MAMÁ: Pues sí, ¡es por obligación!, porque si nadie trabajara, ¿quién produciría todo lo que necesitamos?, ¿quién se ocuparía de las escuelas, de los hospitales o de construir casas?

JOAQUÍN: **Y si se necesita todo eso, ¿por qué hay tanta gente que no tiene trabajo?**

MAMÁ: Es increíble discutir contigo. ¡No quieres quedarte a estudiar y de pronto estamos discutiendo del desempleo!

JOAQUÍN: **Es normal. Yo creo que todo lo que pasa en la sociedad está relacionado con lo que nos pasa a nosotros.**

MAMÁ: Mira, como mamá, soy responsable de tu educación. Debo asegurarme de que más tarde tú puedas elegir libremente lo que quieras hacer. No quiero que algún día me reproches que no hice todo lo que pude para prepararte para la vida. Pero creo que estás muy joven todavía para comprender eso.

JOAQUÍN: **A veces pienso que el trabajo es como una droga, como el cigarro. Dicen que te engrandece y que no lo puedes dejar, aunque no te guste. ¡Los jóvenes sabemos qué es eso!**

MAMÁ: Debo admitir que tienes un poco de razón, a veces pienso lo mismo, uno se puede sumergir en el trabajo, como para no pensar, y a veces eso nos impide vivir plenamente.

JOAQUÍN: **Además, el profesor de español nos dijo que la palabra trabajo viene del latín, *tripalium*, que quiere decir instrumento de tortura.**

MAMÁ: Bueno, eso ya está un poco excesivo, aunque si piensas en los 3 millones de niños que trabajan en México, puede que sea verdad.

JOAQUÍN: A mí, la única materia que me gusta es español. Las demás, la verdad...

MAMÁ: Bueno, si el profesor de español te logra reconciliar con el trabajo, ¡ya es algo!

Reflexión

El ser humano se caracteriza por su capacidad de transformar el mundo, esto se evidencia —entre otros factores— con el surgimiento de la ciencia y la tecnología. Sin duda, esa relación estrecha del hombre con el trabajo se puede definir como una actividad mental y física realizada para lograr un resultado. El hombre trabaja, está obligado a hacerlo por razones materiales y morales, muchos sabios y religiones condenan a la persona ociosa, ya sea por su autocomplacencia o por su irresponsabilidad. Sin embargo, el trabajo tiene varios sentidos o connotaciones importantes que vale la pena distinguir.

La primera problemática es distinguir al trabajo como medio para ganarse la vida o como actividad destinada a satisfacer las necesidades inmediatas. La persona que recoge manzanas para su familia y aquella que trabaja en una oficina para comprar las manzanas para su familia no tienen el mismo enfoque del trabajo ni de las manzanas. Una actúa directamente para satisfacer sus necesidades, la otra pasa por una mediación social, con las consecuencias jerárquicas e interpersonales que ello implica. La segunda problemática distingue al trabajo como medio de producción, del trabajo como creación. Proponemos como ejemplos el trabajo en serie, repetitivo y mecánico, y el trabajo del ingeniero que inventa las máquinas, más libre y creativo. La tercera problemática distingue al trabajo como un medio de supervivencia del trabajo como logro, el primero es una obligación que implica un poco de alienación porque uno "vende su tiempo" por dinero, el segundo es fuente de satisfacción porque da sentido a la existencia. Cabe remarcar aquí que un mismo trabajo representa para unos una obligación y para otros un resultado, dependiendo de la mentalidad de cada quien, aunque unos y otros se ganen así la vida. Sin embargo, a menudo el concepto de trabajo implica una connotación de esfuerzo, de pesar e inquietud.

La motivación por la que uno trabaja cambia el objeto, la naturaleza y el funcionamiento del mismo. Así, quien administra una empresa con el objeto exclusivo de acumular ganancias no realizará el mismo trabajo que aquel que administra la empresa con un enfoque humano, social o ambiental. Sin embargo, cabe preguntarse si el trabajo es realmente una obligación práctica y moral. ¿Debemos educar a nuestros hijos con esta visión o debemos dejarlos elegir?

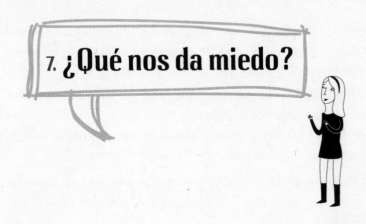

7. ¿Qué nos da miedo?

Hija: ¿Quién grita allá? ¿Alcanzas a ver qué pasa?

Mamá: No, no sé. No debe de ser grave. Ya veremos.

Hija: ¡Ah no! Yo no voy para allá, me da miedo. Está muy raro.

Mamá: ¿Pero qué te pasa? No sabes que está pasando y te da miedo. Eres tú la que está rara. Podría decirse que tienes miedo de algo que no has visto.

Hija: ¡Ay si! ¿A ti te parece normal que alguien grite de esa manera?

Mamá: Puede ser que tenga una buena razón para gritar. Se pudo haber lastimado, por ejemplo.

Hija: Sí, pero también puede ser que haya sido agredida por la gente que pasaba.

Mamá: ¿Pero qué te hace pensar que esa sea la situación? En todo caso tú te creas tus propias fantasías.

Hija: Tú tampoco sabes qué pasa. Estás igual que yo.

Mamá: No estamos igual, porque aunque no sepa qué pasa, no me imagino lo peor. Tengo fe y espero a ver.

Hija: Sin embargo, eres tú la que me dice que tenga cuidado con las personas que no conozco. Me dices que soy muy confiada.

MAMÁ: Sí que puedes ser pesada cuando te lo propones. Siempre estás dispuesta a discutir. Pero ahora estás conmigo, no corres peligro.

HIJA: Y si le pega a las personas que pasan, si es grande y fuerte, no vas a poder hacer nada.

MAMÁ: El valor no es sólo cuestión de físico. Viene de adentro, como una fuerza que te impulsa.

HIJA: Pues si eres así de fuerte, ¿por qué te preocupas cuando llegamos un poco tarde de la escuela? Tú también te imaginas lo peor.

MAMÁ: No es lo mismo. Ustedes son mis hijos y yo soy responsable de lo que les pase.

HIJA: Pues en este momento eres responsable de mí y quieres que vaya por ahí sin saber lo que está pasando. Como sea, también eres responsable de ti misma.

MAMÁ: Mira, tenemos un poco de prisa, no vamos a desviarnos por cualquier cosa y no vamos a quedarnos dos horas discutiendo.

HIJA: Mira, hay gente que está dando media vuelta, se están regresando de allá.

MAMÁ: Sí, es un poco preocupante. Al mismo tiempo, seguido se ve que los rumores se esparcen y asustan a todo mundo, sin estar bien fundamentados. La gente se comporta como rebaño, ya sabes.

HIJA: Yo digo que cuando el río suena, agua lleva. Debe haber una razón para que la gente tenga miedo.

MAMÁ: Estoy de acuerdo, aunque a veces las razones parecen no tener ni pies ni cabeza.

HIJA: Mira, ya no hay gritos. Vamos. ¡Mira!, ese hombre está saludando a todo el mundo y pide dinero por su espectáculo.

Reflexión

El miedo es una de las emociones fundamentales de los seres vivos, sea cual sea su origen, natural o cultural. Es la reacción instintiva contra aquello que amenaza la existencia de manera física o psíquica. De naturaleza desagradable, es ocasionado por la presencia o la expectativa real o imaginaria de un peligro, de una pérdida, de un imprevisto, de un dolor, etcétera. Puede ser racional o irracional, como en el caso de fobias, que son miedos exagerados y sin motivo: la claustrofobia, miedo a los espacios reducidos; la aracnofobia, miedo a las arañas; o la agorafobia, miedo a los espacios públicos. El miedo es un mal consejero, como dice el proverbio, porque nos provoca una falta de raciocinio o de valor, pero también es necesario porque despierta la conciencia de un peligro. Sin miedo, no sabríamos cuidarnos adecuadamente. Sin embargo, enseñamos a nuestros hijos a superar sus miedos, es decir, les enseñamos a ser valientes y a enfrentar sus propios temores.

Entre los miedos más criticados se encuentra la timidez y el miedo a lo desconocido. En el caso del primero, porque le tememos simplemente a la mirada del otro, a los juicios que pueda hacer sobre nosotros, lo que nos puede indicar vulnerabilidad y una autoestima frágil. En el caso del segundo, porque indica un apego a la comodidad y a la certidumbre, aunque el aprendizaje en la vida se obtiene, precisamente, de los riesgos y de la incertidumbre.

El miedo no se valora en el plano moral ni social, pero su ausencia indica una forma de inconsciencia. Paradójicamente, lo consideramos legítimo sólo si se expresa a manera de preocupación, como en el caso de los hijos, por ejemplo; o si se considera que es testimonio de amor. Por el contrario, la valentía es un valor en sí mismo, porque es una manifestación de fuerza, de libertad de espíritu y de respeto a uno mismo. El miedo es primario, no se aprende, pero la valentía puede inculcarse por medio de la educación y sobre todo, la confianza en los hijos.

8. ¿Por qué uno se amarga?

Hıja: Mamá, ¿sabes qué me acaba de decir mi amiga Matilde?

Mamá: Estoy segura que es muy interesante, pero no tengo tiempo.

Hıja: Sí, ¡siempre es igual en esta casa!

Mamá: ¿Qué es igual? ¿Qué quieres decir con "en esta casa"?

Hıja: ¡Nunca me escuchan! Parece que a nadie le importo.

Mamá: ¡Ah vaya! ¿Sabes que hablas más que cualquier otra persona "en esta casa"?

Hıja: Sí, es eso, hablo demasiado. Los demás son normales. ¡Todos menos yo!

Mamá: Yo no dije que hablaras demasiado, pero no puedes esperar que todo el mundo te escuche siempre que quieres. Si es así, ¡te vas a decepcionar!

Hıja: Pero mira, por ejemplo, te quería contar una cosa rápido y tú, inmediatamente me dices que no tienes tiempo.

Mamá: Pues fíjate que tengo que cocinar para esta noche, tengo que ir a la tintorería antes de que cierren y ayudar a tu hermano con su examen de historia. Eso es el mundo real.

Hıja: Ayudar a mi hermano es el mundo real y escucharme, ¿qué es? ¡Es muy injusto! Parece que de verdad es tu consentido.

MAMÁ: No sé si es mi consentido, pero si vas a buscar siempre razones para sentirte mal, te aseguro que te vas a dar de topes toda la vida.

HIJA: Como sea, al él no le hablas así. No lo quieres reconocer, pero estoy segura de que lo quieres más que a mí.

MAMÁ: Es cierto que hostigar no es el mejor medio para darse a querer y ¡tú eres campeona en eso!

HIJA: Ah, ¿ves?, ¡admites que me quieres menos que a los demás!

MAMÁ: Porque tú insistes. Déjame decirte algo que he reflexionado mucho. En primer lugar, es imposible amar a muchas personas absolutamente de la misma manera. No tiene sentido. En segundo lugar, el amor que uno siente por alguien cambia con el tiempo y las circunstancias.

HIJA: No es muy agradable escuchar eso. Me pone muy triste que me lo digas.

MAMÁ: ¿Por qué? Ya no eres una niña. Yo creo que puedes entenderlo; si no, no te lo diría.

HIJA: ¡Sí!, y cuando uno descubre que no lo quieren tanto como a los otros, nos sentimos mal.

MAMÁ: Amar no es obligatorio para nadie. Así no es el amor. Puede ser que tengas que aprender a darte a querer.

HIJA: Bueno, si es así, ¡no quiero que nadie me quiera! Así puedo estar tranquila.

MAMÁ: Tienes razón, así te puedes hacer pasar por víctima y tendrás una buena razón para estar amargada. A propósito de tu amiga, ¿qué me querías decir?

HIJA: Nada, sólo que está harta de ser hija única, se quiere salir de su casa porque sus papás están siempre sobre de ella.

Reflexión

La felicidad es un bien universal que cada uno de nosotros busca; de hecho, la búsqueda de la felicidad —individual o colectiva— se reivindica como un derecho en ciertas constituciones políticas precursoras. Sin embargo, el problema principal de un ideal como éste no significa lo mismo para una sociedad y para cada uno de los individuos que la componen. Las ideas sobre la felicidad varían de tal modo que a esa palabra se le pueden atribuir diversos sentidos y sus opuestos. Por ejemplo, ciertas personas creen que la felicidad está en la búsqueda material, otros en la vida espiritual, en la tranquilidad, en las relaciones, en la soledad, etcétera.

Sea como sea, la felicidad se supone que se adquiere, en principio, por medio de la satisfacción de un deseo, una voluntad o una aspiración, por lo cual estará ligada a éstos. Sin embargo, se sabe que la felicidad sufre de una paradoja despiadada: se persigue un objetivo dado que se cree necesario y se experimentará frustración si no se obtiene, pero también se puede sentir frustración si se alcanza, pues aparentemente ya no habrá nada más que alcanzar. Si se conoce esta premisa, esa búsqueda puede parecer insensata.

Por otra parte, si se cree poseer el objeto del deseo, ya sea la fama, la riqueza o el amor, la felicidad está manchada por el temor a la pérdida; y ese temor a la desgracia a veces predomina sobre la felicidad presente, sobre la cual acecha la aparición periódica de la infelicidad, porque el menor disgusto o la menor contrariedad en nuestra existencia nos hacen olvidar sus encantos.

El estatus de felicidad es muy exigente y no puede soportar la más mínima nube en el cielo de nuestro ideal, a tal grado que ciertos filósofos dicen que el secreto de la felicidad es no buscar la felicidad.

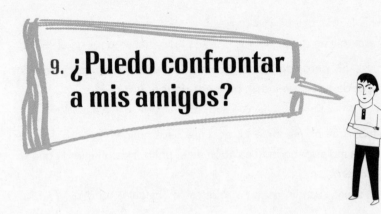

9. ¿Puedo confrontar a mis amigos?

MATÍAS: Oye papá, ¿alguna vez has estado enojado con todo el mundo?

PAPÁ: ¿Con todo el mundo?, ¡no es para tanto! Hay mucha gente.

MATÍAS: Bueno, quiero decir, cuando no estás de acuerdo con los demás.

PAPÁ: Lo veo como algo muy normal; no estamos obligados a estar de acuerdo con todo el mundo, pero hay que tener en cuenta que no es tan fácil estar en esa posición. Hay que tener buenas razones y armarse de paciencia.

MATÍAS: Es la escuela. No estoy de acuerdo ni con unos ni con otros.

PAPÁ: ¿Qué fue lo que pasó? ¿Qué te preocupa tanto?

MATÍAS: Es Jorge, el que vino a la casa el otro día.

PAPÁ: Ah sí, un niño amable. Me dejó buena impresión.

MATÍAS: Precisamente, hay a quien le parece que es demasiado amable, con los profesores sobre todo.

PAPÁ: ¡Muy amable con los profesores! No sabía que eso podía existir.

MATÍAS: Se puede decir que se pasa. Siempre se sienta hasta adelante y después de la clase habla con el profesor.

PAPÁ: No me parece tan grave. No sé si eso sea ser "demasiado amable", es muy estudioso, eso es todo. Tiene ganas de aprender.

MATÍAS: Sí, pero, de todas maneras, si tiene alguna pregunta, la puede hacer en clase, en lugar de ir él por su lado.

PAPÁ: Tal vez es tímido. Como sea, no veo por qué te molesta.

MATÍAS: A mí no me molesta, es a mis otros amigos. Por eso, lo querían molestar cuando estaban en el patio. Hasta hicieron que se cayera.

PAPÁ: Bueno, son un poco salvajes. ¿Los vigilantes no dijeron nada?

MATÍAS: No los vieron. Esas cosas se hacen a escondidas. Yo les dije a los otros que no estaba de acuerdo, que lo dejáramos en paz.

PAPÁ: Estuvo bien, eso fue valiente de tu parte. Tienes razón.

MATÍAS: Precisamente, no sé si tenía razón, porque por eso los demás me dijeron que yo me ponía de su parte, que yo también quería ser el consentido de los profesores. Jaime me dijo que podía hacerle como Jorge y esconderme en la biblioteca.

PAPÁ: Mira, la biblioteca no está tan mal. Puede que sea mejor que te pongas a leer, en lugar de andar vagando con tus amiguitos, que no me dan muy buena espina.

MATÍAS: Puede ser, pero son mis amigos, aunque no siempre esté de acuerdo con ellos. Tú no siempre estás de acuerdo con mamá.

PAPÁ: Creo que no veo la relación, pero bueno. ¿Qué quieres que te diga?

MATÍAS: No sé qué hacer. No quiero enojarme con mis amigos, pero también soy amigo de Jorge.

PAPÁ: En pocas palabras, si entiendo bien, quieres ser amigo de todos.

MATÍAS: Pues sí, pero tampoco me gustan las injusticias.

PAPÁ: ¡Además, eres amigo de la justicia! Creo que tienes un problema. En mi experiencia, si uno se hace defensor de la justicia o de la verdad, pierde muchos amigos.

MATÍAS: Bueno, gracias. ¡Yo que contaba contigo para solucionar mi problema!

Reflexión

El hombre es un animal social, escribió Aristóteles. Si observamos nuestra historia y la prehistoria, podemos ver que los seres humanos buscan asociarse unos con otros, ya sea en tribus, en ciudades o en naciones. En este instinto social podemos ver a la vez fines prácticos, como la producción o la protección, fines psicológicos, como la amistad o el poder, entre otros. Sin embargo, este proceso de socialización no se presenta sin obstáculos; si observamos la dinámica histórica, podemos comprobar que toda agrupación se constituye a través de conflictos con aquellos que no pertenecen a dicho grupo, ya sea porque estos últimos no se identifican y rehúsan participar o bien no se les acepta, porque pertenecen a otros grupos que están en competencia con el primero. Estos conflictos provienen principalmente del hecho de que esta socialización implica intereses de poder: jerarquización interna o predominancia entre grupos, por ejemplo, para el control de un territorio o para establecer una hegemonía ideológica.

De ese modo, el concepto de "enemigo", ya sea interno o externo, real o imaginario, parece constituir una constante de toda dinámica social, posiblemente, porque la fundación de un grupo ocurre necesariamente desde una perspectiva práctica, mediante la exclusión, ya que no todos pueden formar parte. Esto podría tener su explicación en que todo grupo necesita de un chivo expiatorio, de un adversario, de un enemigo determinado con el fin de establecer un lazo más sólido entre el grupo, porque una amenaza apela al instinto fundamental de supervivencia del colectivo.

En el ser humano se observa, a diferencia de los animales, que la socialización ocurre siempre por medio del discurso; para nuestra especie, la palabra es una herramienta fundamental del ser. Ahora bien, todo discurso engendra otro contrario, afortunada o desafortunadamente, porque si el ser humano posee una identidad social, posee también —de acuerdo con las perspectivas filosóficas— una identidad individual que desea expresarse. Así, existe una tensión entre esas dos dimensiones, lo cual nos lleva a la siguiente paradoja, profundamente humana, como lo demuestra la historia: todo grupo está compuesto también por sus oponentes.

10. ¿Por qué hablamos mal de otros?

CLOTILDE: ¡Sara me desespera! No es posible. Se cree mejor que los demás.

AMALIA: Admito que tienes razón, es muy presumida y se burla de todo mundo. ¡Además es muy desaliñada!

CAMILA: Tengo muchas ganas de que se vaya. Ya estuvo bien de que nos invada.

KARLA: ¡Hola, chicas! Lo siento, perdí mi camión. ¿De qué hablaban?

AMALIA: De la mujer más exasperante. ¡Ya sabes a quién me refiero! No quiero ni pronunciar su nombre.

CAMILA: ¡Sí! Ya estamos hartas de que nos cuente su vida.

CLOTILDE: Como no tiene a nadie más a quien contársela, nos viene a ver. No somos el muro de las lamentaciones.

KARLA: ¡Ay!, dejen de criticarla, no les ha hecho nada.

CAMILA: Justamente, nunca hace nada, siempre se hace la víctima.

KARLA: No tienen otro tema de conversación. No sé, esta tarde podemos ir al lugar de las malteadas, ¿no?

CLOTILDE: Sí, pero por el momento estamos en la escuela y se nos va a venir a "pegar".

CAMILA: Cuando llegue voy a decir: "tengo gripa", para no darle beso.

47

AMALIA: Y si empieza a contarnos su vida, le digo que se calle o le doy una cachetada.

KARLA: Denle chance, hay que tratarla. Es especial, pero cuando ya la conoces, es muy simpática.

AMALIA: Pues sí, pero puede ser que nosotros no tengamos ganas de conocerla.

KARLA: Pero si no la conoces, ¿cómo puedes criticarla?

CLOTILDE: De todos modos se nota que quiere ser la consentida.

KARLA: No necesariamente.

CAMILA: A ver, ¿no has visto como levanta la mano todo el tiempo, hasta en matemáticas, así como diciendo: "Miren qué bonita e inteligente soy"?

CLOTILDE: Yo también quiero tener buenas calificaciones, pero no hago todo para que los profesores me vean.

KARLA: Puede que quiera entender, que le cueste trabajo concentrarse y por eso pregunta. ¿No será que a veces ella les da celos?

AMALIA: ¿Cómo nos va a dar celos alguien tan fea y débil como ella?

KARLA: Lo que les molesta es que no quiere complacerlas, hace lo que quiere.

CAMILA: Puede ser que no quiera complacer a los alumnos, en todo caso quiere complacer a los profesores, que no es mejor.

KARLA: ¿Y en qué les afecta que quiera agradarle a los profesores? Es lo que digo, están celosas.

AMALIA: ¡Para nada! Yo también tengo buenas calificaciones, pero también me divierto con mis amigos.

KARLA: Y si ella prefiere estar sola en lugar de andar con nosotras, ¿en qué les afecta?

CLOTILDE: Como dices, se queda sola porque nadie quiere hablarle.

KARLA: No es cierto. Yo la conozco desde hace mucho, es mi amiga y ustedes no me van a hacer cambiar de opinión.

CAMILA: Si es tu amiga, ¿por qué no pasas más tiempo con ella que con nosotras?

KARLA: ¡No porque seamos amigas tenemos que estar pegadas todo el tiempo!

Reflexión

La maledicencia consiste en hablar mal de otro en su ausencia o en criticarlo continuamente, pero se debe distinguir de la calumnia, que consiste en inventar y relatar hechos destinados a afectar la reputación de una persona o a burlarse de su honor; las dos se caracterizan por cierta mala fe, pero la maledicencia no involucra falsedades. Se habla del mal que se cree conocer y se cree fundamentado, pero se insiste de manera excesiva en describir a una persona desde el peor de los ángulos, sin dudar en caricaturizar sus actos y gestos. Desde luego, el límite entre maledicencia y calumnia puede ser difícil de discernir.

La característica de la ausencia de la persona en cuestión parece ser un factor importante; la maledicencia descansa sobre el hecho de encontrar oídos complacientes, que no actuarían igual si la persona aludida estuviera presente. Además, una de las razones de ser de la maledicencia, por extraño que parezca, es tejer un lazo social, nutrir las relaciones privilegiadas al denigrar al prójimo. Al denunciar la forma de ser de un tercero afirmo que yo no soy así, que mi interlocutor tampoco lo es, a diferencia de esa otra persona, malsana u horrible. De esa manera, acordamos mutuamente una buena conciencia, ambos somos buenas personas, que se valoran entre sí por medio de la, poco recomendable, comparación con "el otro". Desde ese punto de vista, aquel que escucha sin protestar, e incluso sin aprobar o sin aportar, participa de esta maledicencia. Sin embargo, debemos estar conscientes, en el fondo de nuestra persona, de que al darnos media vuelta, nosotros podemos ser el blanco de esa misma maledicencia, de ese falso lazo social.

En realidad, en el centro de la maledicencia se encuentra una falta de autoestima, una naturaleza envidiosa y poco generosa. De otro modo, ¿por qué se pondría tanta energía en hablar mal del otro? Esa es la razón por la que los sabios y las religiones la condenan unánimemente. También podemos decir que la maledicencia es una forma primaria de proyección: señalamos en el otro, características que nos molestan de nosotros mismos; el otro nos sirve, entonces, de escapatoria o de exorcismo.

11. ¿Qué significa ser libre?

Hijo: Oye mamá, hay una salida a un restaurante con mis compañeros, justo antes de las vacaciones. ¿Estás de acuerdo?

Mamá: ¿Qué restaurante? Ya sabes que no me gusta mucho que andes de vago.

Hijo: No me voy de vago como tú dices. Es a la pizzería, la que está al lado del mercado.

Mamá: ¿Y con quién vas? ¿Va algún adulto o van solos?

Hijo: No, no voy a estar solo porque somos veinte personas y no, no va a ir ningún adulto porque tenemos catorce años y no somos niños. ¡Parece que estoy pidiendo algo imposible!

Mamá: ¡Soy tu mamá, lo quieras o no, y, como eres menor de edad, yo soy responsable de lo que te pase!

Hijo: Puede ser, pero eso no te da derecho para estarme vigilando todo el tiempo.

Mamá: La libertad no es hacer lo que uno quiera, ya aprenderás que antes de actuar hay que reflexionar.

Hijo: ¿Y quién es el que decide nuestros derechos, la persona que es libre o el otro?

MAMÁ: ¡Por el momento me toca a mí! ¿A qué hora se supone que acaba esta fiesta?

HIJO: Vamos como a las ocho y regresamos a las once.

MAMÁ: ¿A las once? No, ni pensarlo, es demasiado tarde.

HIJO: ¿Ya ves? Ya vas a empezar. Contigo no hay ninguna libertad.

MAMÁ: ¿Cómo que ninguna libertad? A tu edad yo no iba al restaurante sin mis padres.

HIJO: Puede ser, pero hay más libertades ahora: las cosas cambian, ¿sabes?

MAMÁ: Tal vez, pero lo que no cambia es el hecho de que eres menor de edad y tienes que pedir permiso de tus papás.

HIJO: Pues sí, te estoy pidiendo permiso, por eso te lo digo.

MAMÁ: Sí, pero me quieres hacer ceder. Tú tampoco me das libertad, quieres impedir que yo actúe según mi conciencia.

HIJO: ¡Esa está buena! Yo soy el que te impide ser libre.

MAMÁ: ¡Pues sí! Tener hijos, lo quieras o no, es una privación de la libertad.

HIJO: Sin embargo, fuiste tú la que decidió tenerlos. Eras libre de no hacerlo.

MAMÁ: Estoy de acuerdo. Nuestras acciones tienen consecuencias. La libertad implica varias obligaciones. ¡Esa es la realidad! Y por ahora, tú no lo entiendes bien.

HIJO: ¿Y por qué no cada quien hace lo que quiere, en lugar de ocuparse de los demás?

MAMÁ: Porque vivimos en sociedad y nuestra libertad está vinculada y no podemos hacer como si estuviéramos solos en el mundo.

HIJO: Si quieres decir que los otros nos impiden ser libres, ¡estoy muy de acuerdo!

MAMÁ: Sí, pero se te olvida muy rápido que los otros también te permiten ser libre, porque te ayudan y te apoyan cuando lo necesitas.

HIJO: Si hablas de la familia, yo no voy a tener. Me voy a quedar solo, así estaré tranquilo.

MAMÁ: Si lo que quieres es estar tranquilo y solo, ¿por qué buscas la compañía de tus amigos?

HIJO: No es lo mismo. Nosotros no nos controlamos entre nosotros, cada quien se va cuando quiere.

MAMÁ: ¿Y no tienes obligaciones con tus amigos? ¡Qué bonita amistad!

Reflexión

La libertad, en el sentido más común, es hacer lo que uno quiere. Sin embargo, una concepción absoluta como esa, en sí, es imposible de realizar, pues la libertad está limitada y condicionada por diferentes factores. En primer lugar por uno mismo, porque se trata de hacer únicamente lo que uno *puede* hacer y eso limita enormemente nuestro campo de acción. Por ejemplo, yo no puedo convertirme en elefante ni hacerme inmortal, por muy motivado que esté.

Estamos definidos por nuestra propia naturaleza, la de la especie o la del individuo, pero también por la realidad cotidiana que nos rodea y por nuestras capacidades intelectuales o físicas. Yo no puedo nacer en otra fecha diferente a la que nací ni puedo saltar tan alto como un campeón olímpico; luego, estamos limitados por los medios, aquellos necesarios para realizar la acción deseada. Por ejemplo, no puedo emprender un viaje si no poseo el dinero necesario o si no hay lugar en el avión o si no existe un medio de transporte para llegar a ese lugar. También estamos limitados por los demás, como indica la famosa frase de John Stuart Mill: "La libertad de uno termina donde comienza la del otro". Es por eso que a menudo nos encontramos en competencia los unos con los otros, con todo lo que ello engendra: tensiones, conflictos, guerras.

Por otra parte, podemos distinguir entre la libertad colectiva, aquella que en todo grupo constituido beneficia a cada uno de sus miembros, como por ejemplo el Estado de Derecho y la libertad individual, que otorga a cada uno responsabilidades y la facultad de tomar decisiones, cosas que, de acuerdo con las circunstancias, pueden ir de la mano o contraponerse.

Existen diferentes tipos de imposiciones, de obligaciones o de sumisiones que corresponden a cada sociedad. En fin, estamos limitados por los diferentes tipos de reglas, leyes u obligaciones, principalmente de tipo jurídico o moral. Estas imposiciones pueden ser externas, acompañadas de amenazas o sanciones; o internas, acompañadas de culpabilidad o de satisfacción. En ambos casos, la libertad se enfrenta a la conciencia, a nuestro sentido de la responsabilidad, a nuestros compromisos y creencias. La cuestión determinante es saber cómo insertar estos diversos límites en nuestra visión de la libertad, de manera positiva: como una necesidad o una realidad constitutiva de esta autonomía; o de manera negativa: como un obstáculo opresor, frustrante y hasta alienante.

12. ¿Por qué imitamos a los demás?

Hija: Mamá, ¿me das dinero? Tengo que ir a la estética.

Mamá: ¡Qué sorpresa! Generalmente soy yo la que te tiene que recordar que vayas. ¿A qué se debe?

Hija: ¡A nada! Tú todo lo ves mal.

Mamá: ¡Ah!, seguro no tienes la conciencia tranquila y por eso reaccionas así. En fin, dime de todas maneras por qué te quieres cortar el cabello.

Hija: Te digo que por nada. Quiero que me corten el cabello y hacerme mechas.

Mamá: Mechas, ¿como tu amigo, el que vino el otro día?

Hija: ¡No sólo él! ¡Hay muchos que tienen mechas!

Mamá: Y por eso te quieres hacer unas…

Hija: No, es porque son padres y mis amigos me dijeron que se me verían bien.

Mamá: Da la impresión de que haces lo que los demás te dicen.

Hija: Siempre es igual. Cualquier cosa que pido se convierte en una discusión. ¿No quieres que me haga mechas, o qué?

Mamá: No, yo no digo que no te las hagas, pero me gustaría saber por qué te las haces.

HIJA: ¿Por qué siempre quieres saber por qué hago las cosas?

MAMÁ: No es tanto por mí, me interesa que al menos tú sepas.

HIJA: Yo ya sé por qué me quiero hacer mechas, ya te dije: porque me va a hacer sentir bien hacérmelas. Está claro, ¿no?

MAMÁ: Y de paso, te hará sentir bien imitar a tus amigos: como con los tenis, el peinado y el disco de no sé qué cantante que querías a toda costa, y que tres meses después dejaste de escuchar. Me imagino que después vas a querer los pantalones pegados y los tacones para combinar con las mechas.

HIJA: ¿Ves cómo te equivocas? A mí me gustan más los tennis, los tacones se ven tontos.

MAMÁ: Eso no cambia nada el problema: ¿por qué siempre quieres hacer lo que los demás hacen?

HIJA: No es hacer lo que los demás hacen, es porque me gusta a mí.

MAMÁ: No tiene nada de personal, porque copias lo que ves.

HIJA: Tal vez, pero, ¿por qué te molesta tanto que haga lo que mis amigos hacen?

MAMÁ: Simplemente porque tu papá y yo creemos haberte educado para que no actúes como borrego, sino para pensar por ti misma.

HIJA: ¿Y qué ustedes no siguen la moda cuando ven una película que todo el mundo ha visto, sólo porque vieron en el periódico que recibió un premio?

MAMÁ: No es igual, que gane un premio indica calidad, no es el mismo caso de la ropa.

HIJA: ¡Ay sí!, pero si le gusta a tanta gente, ¿no crees que es porque es una moda padre?

MAMÁ: Me parece que es, más que nada, por la publicidad y porque todo el mundo habla de eso.

HIJA: Pues yo no veo la diferencia, en los dos casos alguien más decide por ti, como tú dices.

MAMÁ: ¡A veces me pregunto si habrá sido buena idea acostumbrarte a discutir!

Reflexión

La moda es un problema para los padres porque nosotros no la escogemos, se nos impone por medio de nuestros hijos, banal y escandalosa, y como no queremos más que "lo mejor" para ellos, la rechazamos, además de que tenemos una imagen que defender, una identidad familiar que proteger.

Evidentemente, siempre hay padres que se enorgullecen de seguir la moda, e incluso, de tener mayor conocimiento del tema debido a su edad, lo que presenta otro problema: el papá-amigo. En general, los papás promedio están divididos entre tres tendencias: la moda que le parece provocadora o peligrosa, la moda que no le gusta, pero tolera, y la moda que le divierte o le conviene.

El rechazo a las nuevas tendencias pone de relieve una aversión al principio de la moda en sí. En particular en el caso de los padres con pretensiones intelectuales o culturales, para quienes la moda es una forma primaria de gregarismo, pues hacer "lo que todo el mundo hace" es el peor de los pecados, sobre todo si ello resulta de la campaña publicitaria de una marca. Sin duda, olvidaron muy fácilmente el propio "gregarismo" juvenil de antaño, a menos que lo que estén intentando sea infundir una suerte de "tradicionalismo congénito" a sus hijos.

En lo que respecta a las razones para rechazar una moda específica, están involucrados los siguientes criterios: la falta de inteligencia, la falta de estética, la incongruencia, el costo elevado, la inmoralidad y el peligro. Antes de tomar una postura sin esperanza de retractarse, se habrá de distinguir cuidadosamente entre esos diferentes criterios, sobre todo en lo que concierne al grado de importancia y el grado de desacato. ¿Las elecciones estéticas realmente valen las peleas que a menudo suscitan? El gran problema es que la exageración está ligada al concepto mismo de la moda y sin ella, esta última tendría poco atractivo, sobre todo para los adolescentes.

Cada uno se encontrará, en diferentes proporciones, de un lado o de otro de estas descripciones parentales, y cada uno deberá intentar articular como pueda su forma de actuar y las numerosas decisiones relacionadas con el tema. El pobre padre estará siempre oscilando entre la espada de la tolerancia excesiva y la pared de la intransigencia. Lo mejor será estar consciente de que el éxito de la moda es justamente la necesidad de los hijos de distinguirse de los padres; así podrá siempre hallar consuelo en recordar que las modas son siempre pasajeras.

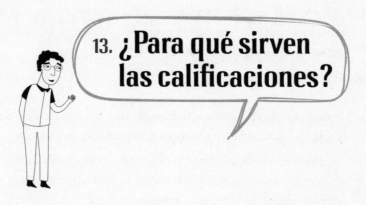

13. ¿Para qué sirven las calificaciones?

Papá: ¿Cómo que 7 en historia? Es increíble.

Hijo: ¡Sin embargo, aprendí!

Papá: ¿Cómo puedes decir que aprendiste con una calificación así?

Hijo: ¡No sé! ¡Esa fue la profesora! ¡Pregúntale a ella!

Papá: ¡Oye!, estás siendo un poco grosero, ¿no crees?

Hijo: Pues eres tú, con tus preguntas también me haces enojar.

Papá: Bueno, vamos a intentar calmarnos. Si aprendiste, ¿cómo explicas la mala calificación?

Hijo: A mis amigos les pasó lo mismo. ¿Por qué no me crees?

Papá: Vamos a ver que escribió. "Lección no aprendida. Falta trabajo. Desarrollar…"

Hijo: ¿Ves? ¡Eso no quiere decir nada! Para empezar, ¿cómo sabe que no trabajé?

Papá: ¡Da igual! Vio que falta información. Aquí por ejemplo, da la impresión de que escribiste sin entender, esta oración está muy rara.

Hijo: ¿Y entonces por qué no me pone eso, en lugar de tacharlo?

Papá: Bueno, admito que lo que escribe puede ser un poco hiriente y que no explica gran cosa, pero de todos modos se ve que hay problemas con tu trabajo.

HIJO: ¿Y por qué cuando traigo buenas calificaciones como la de la semana pasada, me das tu gran discurso sobre las calificaciones, que no significan nada?

PAPÁ: ¡Sí! Pero sí indican algo, no es que no quieran decir nada, pero...

HIJO: Hasta me dijiste que eran una mala idea porque podían desalentar a los alumnos y provocar competencia en la clase.

PAPÁ: Es cierto que las calificaciones pueden tener un efecto negativo. Los alumnos no se interesan más que en la calificación, no buscan entender realmente de lo que se trata el trabajo.

HIJO: ¡Los papás también! Le creen más a las calificaciones que a los hijos. Parece que las calificaciones son para ellos...

Silencio.

HIJO: ¿Sabes qué? A veces a los profesores no les caemos bien. Es como si nos calificaran la personalidad, en lugar de nuestro trabajo.

PAPÁ: No creo que sea para tanto, pero sí creo que no siempre pueden ser objetivos. Porque tienen su carácter, sus preferencias y sus opiniones particulares, como todo mundo.

HIJO: Lo que más me enoja es cuando me ponen "puede mejorar" en una tarea. Parece que no se les ocurrió otra cosa. ¡Es ridículo! Se lo pueden decir a cualquiera.

PAPÁ: No es tan fácil corregir tantos trabajos, resulta repetitivo, uno se cansa y no siempre puede ser ingenioso.

HIJO: ¿Sabes que hay países en los que no se les pone calificación a los alumnos?

PAPÁ: Leí un artículo sobre eso. Puede que sea menos estresante, pero de momento parecería que los alumnos no conocen su valor, y los papás tampoco. Pero, a veces, también los alumnos califican a los profesores.

HIJO: Eso estaría genial. ¡Así nos podríamos vengar de todas las malas calificaciones que nos ponen!

PAPÁ: ¡Ay sí! ¡Ya veo por qué crees que los profesores no son siempre justos!

Reflexión

Calificar es una acción cargada de intereses, tanto en el plano simbólico como en el práctico. Es consecuencia de la carga que implica un juicio definitivo, pero también a causa de las consecuencias concretas: aprobación de la materia, aprobación de un examen, etcétera. A pesar de los intentos pedagógicos de los últimos años por atenuar el impacto de la calificación, todavía conserva un peso importante en nuestra cultura, aún muy autoritaria y competitiva, como lo demuestran las diversas evaluaciones. Ciertas corrientes pedagógicas han remplazado la calificación por certificados graduales de competencia.

Los críticos de la calificación se enfocan principalmente en los puntos que se exponen a continuación: es simplista, porque resume el conjunto de todo el trabajo en un simple número. La calificación tiene un efecto casi hipnótico en el alumno —y sus padres—, pues ya no le interesa entender los problemas. Es subjetiva, como se puede percibir cuando se realizan análisis comparativos de los educadores; no se sabe si se está calificando al alumno, su comportamiento o su esfuerzo, su historia personal, la apariencia del trabajo (ortografía, presentación, etcétera) o solamente el contenido. No se sabe, incluso, si se califica en relación con las expectativas del programa o comparando el rendimiento de los alumnos entre sí. Entonces, ¿al alumno se le debe alentar, tranquilizar o dejar solo?

Ciertas corrientes pedagógicas practican la ausencia de calificación, pues se le considera traumatizante, o bien optan por la calificación colectiva, que se basa en el trabajo en grupos pequeños. Los críticos objetaron, sin embargo, que ello alienta la irresponsabilidad del alumno y la ausencia de un principio de realidad individual.

Sin duda, sería necesario expandir el concepto de calificación al de evaluación, que es más complejo y circunstancial; pues en él se puede encontrar una distinción interesante entre evaluación acumulativa, que determina el valor del estudiante haciendo un balance final de sus competencias, y evaluación formativa, enfocada en la continuidad y que permite guiar al alumno a lo largo del trabajo a realizar. Sin embargo, también es posible completar el panorama pidiendo a los alumnos que califiquen a los profesores, como en Estados Unidos, a riesgo de fomentar cierta demagogia en la práctica pedagógica.

14. ¿Para qué estamos vivos, si todos moriremos?

CARMEN: Oye papá, ¿qué significa exactamente este día?

PAPÁ: Como el nombre lo indica, es el día de todos los santos.

CARMEN: ¿Por qué se ponen flores en los cementerios? No todos los que están ahí son santos.

PAPÁ: Cierto, pero existe una fiesta más vieja, anterior al cristianismo, la fiesta de muertos, que se celebra mañana y las dos se confunden.

CARMEN: Entiendo que se celebre a los santos... pero a los muertos, ¡es extraño!

PAPÁ: ¿Por qué? La muerte es parte de la vida, ¿no?

CARMEN: No sé, yo diría más bien que es el fin de la vida.

PAPÁ: Mira, la razón para festejar a los muertos en este periodo es simple: inicia la parte más sombría del año, cuando ya nada crece y sin embargo, gracias a ella, tenemos la primavera y después, el otoño. Son los ciclos de la naturaleza.

CARMEN: Está bien por las plantas, porque vuelven a crecer, pero nosotros no regresamos.

PAPÁ: Varias culturas creen que uno regresa, de una forma u otra, como humano, animal o hasta una planta.

CARMEN: Sí, pero ya no se cree en esas cosas.

PAPÁ: Sí, por ejemplo, el cristianismo afirma que al final de los tiempos ocurrirá la resurrección del cuerpo, es por eso que enterramos a nuestros muertos en lugar de incinerarlos.

CARMEN: Yo no creo en eso y algunas veces pienso que no vale la pena vivir, porque de todas maneras vamos a morir.

PAPÁ: Eres un poco sombría, creo yo. Sin embargo, bien puedes disfrutar la vida, mientras dura.

CARMEN: ¿Sabes?, desde el año pasado, cuando se murió esa chica de nuestra clase, en un accidente de auto, no dejo de pensar así y me pone triste.

PAPÁ: Bueno, pero cuando piensas en otra cosa, te sientes menos triste.

CARMEN: ¡Da igual! ¿Tú no piensas que la vida es absurda porque todos vamos a morir?

PAPÁ: A ver, dime, cuando vas al cine, ¿disfrutas menos la película porque sabes que se va a acabar en poco tiempo y que deberás irte?

CARMEN: No es lo mismo, durante la película no piensas más que en ella, a menos que te aburra. En ese caso, no dejas de ver el reloj esperando que se termine pronto.

PAPÁ: Ahí tienes, ¿no puede ser que pienses en la muerte cuando la vida es menos interesante?

CARMEN: No siempre. La otra vez estábamos hablando de la compañera que se murió y les dije a las demás que podríamos morir en cualquier momento, incluso hoy. Y Luisa me dijo: "Entonces no vale la pena hacer la tarea e ir a la escuela".

PAPÁ: Sí, pero como no sabemos qué es lo que va a pasar, bien podemos intentar vivir lo mejor posible, mientras dura.

CARMEN: Yo le respondí que no vivíamos sólo para nosotros, que vivimos en conjunto con los demás y así no morimos nunca.

PAPÁ: Eso está muy bonito, ¡a menos que la humanidad desapareciera de golpe, por una guerra o alguna enfermedad!

CARMEN: Bueno, ahora eres tú el que es sombrío. ¿Piensas seguido en esas cosas?

Reflexión

Albert Camus afirma que la emergencia de la conciencia ocurre por el descubrimiento de lo absurdo. Por poco agradable que sea esta perspectiva "insensata" parece, sin embargo, anidar en el núcleo de nuestras preocupaciones existenciales, porque el ser humano es un animal que no se contenta con ser lo que es, al que no le satisface fácilmente el presente, que continuamente anticipa el futuro y rememora el pasado. Por eso, vivimos la muerte a diario, es decir, la finitud de nuestro ser, sus límites, su fragilidad y sus imperfecciones, aunque esta preocupación no se encuentre consciente en nuestra mente.

Ahora bien, la adolescencia, la edad de los extremos por excelencia, es una época totalmente propicia para descubrir este drama. ¿De qué sirve todo el esfuerzo que depositamos durante nuestra existencia, si terminaremos corroídos? Intentamos no pensar en eso, no ocuparnos de ello; nos divertimos, como escribe Pascal, por medio del trabajo, las fiestas, la reproducción, los deberes... Sin embargo, a medida que la edad avanza, esta preocupación se presenta de manera más persistente.

Como esta cuestión ha estado presente desde siempre, se han propuesto diferentes respuestas, por ejemplo, la visión religiosa; la vida que conocemos no es más que la punta del iceberg, un simple mal momento que superar o una prueba de la que derivará nuestro futuro, en otra vida o en la eternidad. Por otro lado, la visión espiritual, que es semejante, plantea que existe otra realidad más fundamental que la que se percibe inmediatamente. La visión "biológica", por su parte, sostiene que nuestra descendencia da sentido a nuestra existencia y la prolonga para siempre por medio de la renovación de las generaciones. A su vez, la visión social invita a sacrificar los intereses propios por aquellos de la sociedad o de la humanidad: la patria, una agrupación cualquiera, alguna causa, etcétera. La visión del fatalismo acepta las cosas tal como son, vivir el tiempo que nos es dado sin preocuparse del fin inevitable. Existen también otras y cada uno podrá inventar la suya.

15. ¿Se puede uno reír de todo?

SEBASTIÁN: Lo siento mucho, no me quería burlar, pero fue más fuerte que yo.

PAPÁ: Por lo menos no se notó. Sabes que puedes herir sus sentimientos.

SEBASTIÁN: Entiendo que no había que reírse, pero de todas formas me pregunto por qué. Es extraño, un vendedor que tartamudea. ¿Por qué no se dedica a otra cosa?

PAPÁ: Se puede considerar extraño, pero también se puede pensar que está bien: ¿por qué una persona con cierta discapacidad no puede hacer un trabajo que le representa un problema?

SEBASTIÁN: Ya sabes, no debo ser el único al que le dan ganas de reír cuando se lo encuentra.

PAPÁ: Es cierto que es un poco inesperado, la situación nos parece extraña y es eso lo que nos provoca la risa.

SEBASTIÁN: ¿Entonces por qué uno no se puede reír, si es divertido?

PAPÁ: ¡Lo sabes bien! Uno no se puede reír de todo. Existen límites en lo que uno puede hacer, al igual que todo lo que tiene que ver con la vida en sociedad, eso se llama respeto.

SEBASTIÁN: Y el respeto, ¿es aceptar a los otros tal y como son, sin decir nada?

PAPÁ: No sólo se trata de respeto, también se trata de compasión, porque se cree que él sufre por su defecto del lenguaje y, si piensas en eso, no te dan ganas de reírte.

SEBASTIÁN: ¿Tú crees que me dieron ganas de reír porque no me puse en su lugar?

PAPÁ: De alguna forma. También es empatía; comprender al otro porque uno se preocupa de lo que podría sentir.

SEBASTIÁN: ¿Y yo debo sufrir con él si pienso que él sufre?

PAPÁ: No es necesariamente un "deber", también puede ser una cuestión de sensibilidad, uno se siente cercano a la persona, se siente responsable de ella.

SEBASTIÁN: ¡Uno no puede sentirse responsable de todo el mundo!

PAPÁ: ¿Por qué no? Todavía eres joven, pero cuando crezcas te darás cuenta de que es importante preocuparse por el prójimo.

SEBASTIÁN: Sin embargo, tú criticas a mamá, a veces, diciéndole que dramatiza todo. ¿Te acuerdas el otro día, cuando bromeabas sobre la vecina gorda? Mamá dijo que estabas exagerando. ¡Tú no estabas de acuerdo con ella!

PAPÁ: En efecto. El humor también es algo muy subjetivo, no todo el mundo se ríe de las mismas cosas. Pero una diferencia importante en la situación de hoy es que la persona estaba delante de nosotros. Ahora bien, es más grave reírse de alguien que padece algo.

SEBASTIÁN: Precisamente, tal vez haga falta aprender a reírse de lo que nos hace sufrir, para sufrir menos, ¿no?

PAPÁ: No siempre es posible, ¡desgraciadamente! Cuando el dolor es más fuerte o el problema es demasiado grave, lo único que hace la risa de otros es empeorar nuestra pena. Pero, en general, estoy de acuerdo, sería más valioso poder reírse de todo, ¡eso sería una gran libertad!

Reflexión

El humor denuncia la realidad, la ridiculiza, se niega a tomar en serio lo que se anuncia o de lo que se hace alarde, no se asombra de nada. El humor implica una conciencia, la conciencia de lo absurdo de los seres y los acontecimientos, nos invita a tomar distancia, a formar una relación crítica frente a las situaciones cotidianas. Al expresar la dimensión cómica de las cosas, se busca hacer reír, hacer estremecer a la vez el cuerpo y el espíritu. El humor nos ayuda a vivir, tiene una función existencial y social: lubrica los engranes.

Sin embargo, el humor no es universal, nos remite a la subjetividad, nos hará reír o no según las personas, las culturas y las situaciones. Aunque resalta ciertas características generales del ser humano, como el egoísmo o la hipocresía, no todos nos reímos, tal vez porque algunos nos sentimos aludidos o bien, uno se identifica con la persona de la que se hace burla, por empatía, por compasión u otros sentimientos que unen a los seres entre sí.

La regla general tal vez sea que entre más se sufra cierta situación, menos fácil será reír; ante esto, uno podría argumentar que entre más se ría, menos se sufrirá. Es en torno a esta oposición de principios que se articula la cuestión de saber si se puede reír de todo, pues todo gira alrededor del sufrimiento.

Así, uno ya no se ríe tanto de ciertas bromas comunes de otros tiempos, como en el caso de los chistes étnicos, sospechosos justa o injustamente de racismo. Es el mismo caso para todo lo que podría levantar diferencias sociales cuando uno expresa algún sarcasmo o desprecio, como el caso del género, la sexualidad, o la discapacidad o, más aún, con lo que es sagrado, como la religión o la moral.

Entonces, ¿se puede reír de todo? La respuesta no se puede dar tan fácilmente, pues la pregunta es a la vez demasiado categórica y demasiado subjetiva. Solamente se pueden identificar los parámetros que harían la diferencia, mismos que se resumen básicamente en lo siguiente: en compañía de quién, con qué intención, en qué contexto cultural, social y con qué insistencia se ríe. Como en cualquier acción humana, siempre queda un juicio por plantear: la cuestión de la oportunidad y de la justa medida.

16. ¿Por qué nos encanta comprar?

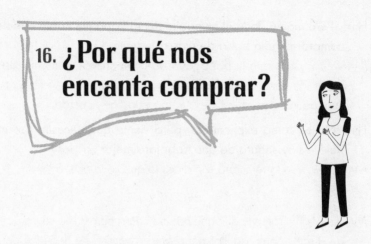

HIJA: ¿Mamá, tengo suficiente dinero en mi cuenta para comprarme un iPhone 5c?

MAMÁ: ¿Por qué? ¡Ya tienes un teléfono celular!

HIJA: A Laura le regalaron uno en Navidad y por lo que se ve, está genial.

MAMÁ: ¡Genial o no, no vas a utilizar el dinero que te dieron tus abuelos para comprarte un aparato que ya tienes!

HIJA: Se ve que no los conoces. El iPhone 4 no tiene esa pantalla ni esos colores.

MAMÁ: ¿Y por qué necesitas tener ese aparato si ya tenemos televisión y computadora?

HIJA: Sí, pero quiero algo que sea para mí sola. Necesito ese y me lo voy a comprar.

MAMÁ: Está fuera de discusión que te compres ese nuevo aparato solamente porque está de moda.

HIJA: Está muy bonito. ¡Por favor!, Laura tiene uno, yo también tengo derecho. ¡Tú nunca me quieres comprar nada!

MAMÁ: No exageres. Te compro las cosas cuando las necesitas. No le veo utilidad a eso.

HIJA: ¡Pero mamá, todo el mundo lo tiene! Papá me había ofrecido comprarme una bolsa de marca!

MAMÁ: Ya sabes que tu papá y yo no compartimos la misma visión sobre las compras. Él les da lo que quieran. Ya lo verás con él cuando lo vayas a ver, pero yo no estoy de acuerdo.

HIJA: No sé como explicártelo, pero siento que necesito ese modelo. Estoy segura de que trabajaré mejor en clase.

MAMÁ: No veo la relación. Me dices lo que se te ocurre.

Silencio.

MAMÁ: ¿Ves? ¡Como te dije que no, me haces caras! No tienes ganas de discutir como adulto, pero ya estás grande y deberías poder reflexionar tú sola antes de hacer berrinches de este tipo.

HIJA: No es berrinche. Tú también te das tus gustos. Me confesaste que cuando te sientes mal te haces un pequeño regalo.

MAMÁ: Ahora sí estás siendo desagradable, porque tú sabes bien que yo me privo de muchas cosas para que ustedes tengan todo lo que necesitan. No siempre es fácil.

HIJA: Pero yo no te estoy pidiendo nada, ¡ya tengo el dinero!

MAMÁ: ¿Ves? Lo que me molesta es tu falta de criterio. Quieres hacer lo que los demás hacen, seguir la moda y no te preguntas si tienes realmente ganas de algo. Me encantaría poder confiar en ti.

HIJA: ¿Y qué es lo que quiere decir "confiar en ti"? ¿Es pensar como tú y hacer lo que tú quieres?

Silencio.

MAMÁ: Puede ser que tengas razón. Te pido que pienses como mamá, en lugar de como una adolescente. Yo siempre quiero pensar en el futuro y tú, en cambio, estás en el momento. Me imagino que es lo propio de tu edad.

HIJA: Es normal que me quieras hacer pensar diferente, pero, ¿sabes qué?, el dinero que me dieron no era para mi boda.

MAMÁ: Sin duda. Como ya no tengo ganas de discutir para siempre sobre esto, no tienes más que ir a comprarte el aparato.

HIJA: Oye, ya que estás de mejor humor, ¿no quisieras comprarme una nueva cubierta para mi celular? Hay unas muy buenas que no están caras.

Reflexión

El ser humano se alimenta de deseos y temores, y debe satisfacer un cierto número de impulsos que le son inherentes. Estos instintos están ligados en su origen a un deseo de supervivencia individual, como el hambre, la sed o el miedo a morir. Otros alargan el campo y le otorgan una mayor extensión a la libertad individual, como el deseo de reproducción o de poder, la búsqueda del placer, el instinto de juego. ¿Qué es el impulso de comprar?

Podemos distinguir varios componentes. Por una parte la subsistencia: necesitamos alimento, vestido, abrigo, medios de transporte; por otra parte, existe el deseo de acumulación, que resulta menos inmediato porque considera el futuro. Por miedo a la escasez, deseamos acumular el máximo de bienes que podamos comprar o bien, obtener la mayor cantidad de medios para obtener esos bienes, que es a lo que llamamos "economizar". Sin embargo, existe un tercer factor que compone este impulso de compra, que se remite a un aspecto aun más libre: el deseo de lo superficial, lo estético, lo cultural, lo lúdico o de algún otro aspecto.

El desarrollo de nuestra sociedad nos permite preocuparnos menos de nuestra supervivencia inmediata y las proporciones de este placer han ido creciendo cada vez más. Sobre esta "nueva" naturaleza humana actúa la publicidad, que oscila entre el utilitarismo y complacer a los sentidos o a la mente. Un automóvil es alabado por su economía en el kilometraje o porque su estilo es "sexy" o "moderno". Si la publicidad está dirigida a los hijos, también se intentará actuar sobre aquello que les sea más inmediato, por medio de la seducción que suscite el deseo de la manera más eficaz posible, como los cereales de "súper héroes" o la vestimenta al estilo de los *pop stars*.

¿Son estrategias aceptables? ¿Debe uno frustrarse en nombre de la moral y de la razón o dar una cierta legitimidad al deseo? Quedará en los padres, entre otras cosas, saber si ceden al deseo del hijo con el fin de complacerlo, o saber si deben rechazarlo para que el hijo crezca o simplemente para no ceder ante las sirenas de la sociedad de consumo.

17. ¿Qué es la verdad?

ANTONIO: Papá tienes que firmar mi boleta de calificaciones.

PAPÁ: ¿Firmarla o ver los resultados del trimestre?

ANTONIO: Puedes verlos si quieres, pero también tienes que firmarla.

PAPÁ: Vamos a ver. Siete en matemáticas, no está bien, ¿no crees?

ANTONIO: No es cierto, ¡mira el promedio de la clase: seis! Estoy por encima del promedio, como sea.

PAPÁ: ¿Qué es lo que no es cierto? ¿Que tus calificaciones no son buenas?

ANTONIO: ¡No, no es cierto! Porque salí por encima del promedio de la clase.

PAPÁ: Entonces, esa es la única referencia para ti, salir mejor que el promedio.

ANTONIO: No dije que esa fuera la única referencia, pero es lo que pienso.

PAPÁ: Sin embargo, no dijiste que no estuvieras de acuerdo conmigo, me dijiste que lo que dije era falso.

ANTONIO: ¡Sí, pero no es lo mismo! ¡No te vas a poner quisquilloso conmigo!

PAPÁ: No creo que me esté poniendo quisquilloso. Sólo quiero que reflexiones sobre tus referencias para decidir mejor lo que es verdad.

ANTONIO: Mira, no soy el único que dice que es una referencia. Es por eso que se pone el promedio de la clase en la boleta.

PAPÁ: Pues aun así, el hecho de que "todo el mundo lo haga", como dices, no prueba nada. En otra época, se pensaba que la Tierra era plana y que el mundo fue creado en unos miles de años.

ANTONIO: Incluso el profesor nos dijo que todas las calificaciones salieron bajas este trimestre.

PAPÁ: ¿Y lo que dice el profesor cómo prueba que lo que tú dices es verdad?

ANTONIO: ¡Pues es el profesor! De todas maneras, la verdad es diferente para cada quien.

PAPÁ: ¡Entonces la verdad no existe!

ANTONIO: Cada uno tiene la suya, de acuerdo con su personalidad, sus ideas y su carácter.

PAPÁ: Entonces, volviendo a la idea de que la Tierra es plana: si coincide con mi carácter, quiere decir que es cierto.

ANTONIO: Sí, pero eso no es lo mismo, porque se puede probar que no es plana, los científicos ya lo hicieron.

PAPÁ: De acuerdo, pero antes de que los científicos probaran que es redonda, ¿era plana o era redonda?

ANTONIO: Precisamente, cada uno piensa lo que quiere.

PAPÁ: ¿Entonces nada es verdadero ni falso?

ANTONIO: Yo no dije eso. Estás poniendo palabras en mi boca.

PAPÁ: Pero parece que hay contenido en lo que dices. Hay otras cosas implícitas en lo que dices, ¿no?

ANTONIO: ¿Ves?, todo lo interpretas a tu modo. Como de costumbre, todo lo acomodas como te conviene.

PAPÁ: Eres muy duro conmigo. Si te invito a reflexionar de otro modo sobre lo que dices, es porque me conviene... no me queda más que callarme...

Silencio.

PAPÁ: Dime, en el fondo, ¿en realidad crees que siete en matemáticas está bien?

ANTONIO: **Bueno, es cierto que no está tan bien, pero ya sabes que no soy muy bueno en matemáticas.**

PAPÁ: Son dos problemas muy diferentes, por una parte la realidad objetiva y por otra, tu justificación.

ANTONIO: **¡Precisamente! La realidad no siempre es agradable, preferiría que me dieras ánimos...**

Reflexión

La verdad es un concepto difícil. Si nos asusta, preferimos ignorarla y hacer como si no existiera. En ocasiones, aseguramos de forma explícita, por alguna razón, tener un acceso privilegiado a ella. En otras ocasiones, aseguramos que la poseemos y lo sostenemos obstinadamente y que, por el contrario, nuestro interlocutor se equivoca. Cualquiera que ésta sea, la verdad representa un problema, porque tenemos una idea vaga y confusa de ella.

La razón principal es, en primer lugar, que la verdad tiene diferentes formas. La confundimos, por ejemplo, con la realidad y olvidamos que si esta última puede ser de naturaleza material o factual, la verdad es por lo general un discurso que habla de alguna cosa. Ahora, se propone que una verdad es una afirmación adecuada, pero ¿adecuada a qué? ¿Cuáles son los criterios con los que se juzga esa realidad? Podemos citar tres, sin duda, los más comunes:

En primer lugar, la verdad "objetiva", porque lo que enuncia se considera que corresponde con lo observable, con lo que se puede experimentar, el criterio común en el dominio científico. Sin embargo, no siempre es posible observar o experimentar, o bien, aquello que percibimos deja mucho espacio a la interpretación.

En segundo lugar, la verdad de la argumentación, la verdad de la razón, donde se considera una palabra verídica porque el discurso que la sustenta es coherente y razonado. Sin un acceso directo a los hechos, se evalúa la verosimilitud del discurso, como lo hace, por ejemplo, el policía o el juez, para determinar lo que pasó o en caso de que se deba emitir un juicio de valor.

Finalmente, la verdad subjetiva o personal, la que nos hace decir: "Te juro que es verdad", aunque no poseamos pruebas tangibles ni argumentos convincentes. Es una verdad que compromete a la persona que habla, porque lo dice y porque de hecho así es. Es el mismo criterio que utilizamos para determinar si una persona es de confianza: esta persona es "auténtica", sus palabras corresponden a sus actos. También es el criterio que utilizamos en un acto de fe, para decretar por ejemplo que Dios existe o que Santa Claus no existe. Es eso que nombramos profunda convicción. Ahora, esas tres modalidades de verdad operan dentro de nosotros de manera simultánea y en diversos grados, y nosotros las confundimos alegremente.

18. ¿Se puede decir de todo en internet?

PAPÁ: ¡Indira, tenemos que hablar y ahora mismo!

INDIRA: ¿Qué pasa? Tengo la impresión de que me están criticando todo el tiempo, nunca les parece lo que hago.

PAPÁ: Ya conozco ese discurso sobre tus desgracias, pero en verdad me parece que haces drama. Porque acabo de encontrarme tu página de Facebook.

INDIRA: ¿Cómo pudiste entrar a mi Facebook? No te he dado mi contraseña.

PAPÁ: Muy sencillo, como siempre estás a las carreras, te fuiste a la escuela sin cerrar tu sesión. La página estaba justo enfrente de mí.

INDIRA: Pero no tienes derecho de leer mis correos, eso es personal.

PAPÁ: Personal o no, todavía eres menor de edad. Además, me alegro de haber visto lo que escribiste, fue muy ilustrativo, no tengas duda.

INDIRA: Entonces, como soy menor de edad, ¡no tengo derecho a una vida privada! Es increíble.

PAPÁ: Ya discutiremos eso en otra ocasión. En este momento, quiero discutir las increíbles groserías que escribes.

INDIRA: Pára empezar, no fui yo la que empezó, si leíste bien. Fueron los demás los que me empezaron a insultar.

PAPÁ: Yo no sé quién empezó, el problema es ver cómo te expresas. Te confieso que me espantó el lenguaje que utilizas.

INDIRA: Pero no es igual en internet, todo el mundo habla así.

PAPÁ: ¡Todo el mundo! Está muy raro ese argumento y si todo el mundo asesina a la vecina, ¿tú también?

INDIRA: ¡Eso no tiene nada que ver! ¿Por qué siempre te exaltas? ¡No estás obligado a enojarte!

PAPÁ: Aún sin tomar en cuenta la forma de expresarse, mira las cosas de las que hablas, todas estas tonterías…

INDIRA: Pero papá, nosotros los jóvenes no hablamos de lo mismo que ustedes, eso es todo. Seguramente lo puedes entender.

PAPÁ: Joven o no, ¡igual existen límites en las cosas que uno dice!, ¡ya me imagino todo el tiempo que pasas ahí!, con razón tus calificaciones lo resienten.

INDIRA: ¿Sí?, ¡pues una de las compañeras con la que platico es la mejor de la clase!

PAPÁ: Puede ser que esta chica sea más hábil, además yo no sé si lo que me dices es cierto. De todos modos, ese no es tu caso, tus calificaciones se fueron en caída libre este trimestre.

Silencio.

PAPÁ: ¿No te das cuenta que lo que escribes en internet puede ser visto por cualquier persona en el mundo?

INDIRA: ¿Sabes, papá?, tienes que entender que internet no es la vida real. Para empezar, utilizamos otro nombre, como si fuera otra persona la que habla.

PAPÁ: Es igual, de todas maneras se puede saber que eres tú, pero, ¿por qué hablas así?

INDIRA: ¡Lo que sí es seguro en internet es que podemos ser quienes queramos! Uno puede olvidarse de sus problemas y convertirse en otra persona.

Papá: Precisamente, no pareces olvidarte de tus problemas, se pelean con lenguaje de carretonero.

Indira: **¡Eso no quiere decir nada! Podemos seguir siendo amigas... Tienes que entender...**

Papá: Lo que me queda claro, es que todo esto te importa demasiado. Entonces, joven o no, ¡no más internet durante un mes!, salvo para las tareas... ¡Y no te olvides de darme tu contraseña cada vez que entres!

Reflexión

¿El uso de internet ha cambiado nuestra forma de pensar? Se puede argumentar fácilmente que nuestras convicciones fundamentales y nuestra personalidad no se afectan de manera significativa porque el uso de una herramienta no modifica en nada los valores que nos mueven; sin embargo, podemos culparla de modificar un poco nuestro funcionamiento existencial y psíquico. En principio, porque en internet se produce una contracción importante de espacio y tiempo: todo está ahí inmediatamente, ya sea la información o las personas e incluso los objetos. Este fenómeno es visible por ejemplo, en el "chat": es posible discutir simultáneamente con varias personas, donde sea que éstas se encuentren, en el momento en que las necesitamos. Es lo mismo para los "juegos en red", en los cuales uno se puede sumergir en cualquier momento en "buena" compañía, en un mundo virtual. En ambos casos, la permanente puesta a disposición del prójimo tiende evidentemente a engendrar una forma de dependencia, por el simple medio de la facilidad, así como una especie de impaciencia y de nerviosismo crónicos.

El segundo elemento de influencia es justamente esta virtualidad, la fabricación de un "mundo nuevo", que involucra también al "chat". Aunque se trate de personas reales discutiendo entre ellas, la presencia únicamente virtual y el uso de un pseudónimo permiten fabricarse otra identidad mejorada, por ejemplo, con más seguridad, más osada o totalmente nueva, completamente inventada.

El tercer elemento es la demanda permanente, es decir la puesta a disposición de uno a los otros. El simple ejemplo del correo electrónico, de naturaleza personal o profesional, que produce una especie de obligación permanente de respuesta a cualquier hora del día y de la noche, es una presión que en ocasiones se vuelve insoportable y extenuante, y hace poco menos que imposible distinguir entre vida pública y vida privada.

Naturalmente, internet es un medio fenomenal para divertirse y para actuar y liberarse de obligaciones, aunque sea sólo hacer las compras sin desplazarse; sin embargo, existen ciertas libertades capaces de engendrar restricciones aun más terribles que aquellas de las que nos liberaron, como la sensación irresponsable de omnipotencia.

19. ¿Por qué debemos ir a la escuela?

LEO: De verdad no puedo. No vale la pena.

MAMÁ: Tienes cara de que estás teniendo un mal día. ¿Qué es lo que no vale la pena?

LEO: ¡Esta tonta tarea de matemáticas! Dime de qué sirve calcular la superficie de un triángulo.

MAMÁ: Si está en el programa, me imagino que servirá de algo.

LEO: Dime, ¿has calculado muchas superficies desde que saliste de la escuela?

MAMÁ: A veces tengo que calcular superficies y hasta volúmenes. El otro día, nada menos, cuando compré un humidificador, necesitaba saber el volumen de la habitación en la cual lo iba a utilizar.

LEO: Y el curso de latín que me obligaste a tomar, ¿me puedes decir de qué me va a servir en la vida?

MAMÁ: Para conocer el origen de las palabras, por ejemplo, y para entender tu propio idioma.

LEO: ¿Entonces tú crees que todo lo que aprendemos en la escuela es útil?

MAMÁ: Yo creo que existen dos formas de entender la utilidad. Por una parte tenemos aquello que sirve de manera inmediata, como leer y contar, porque tenemos necesidad de eso todos los días. Por otra, la utilidad en el sentido más amplio, aquella que te da la cultura general, que te permite comprender el mundo y aprender a pensar.

LEO: Entiendo, pero hay materias realmente aburridas, no le interesan a nadie, por ejemplo, todas esas fechas y batallas... los reyes.

MAMÁ: ¿Crees que eso es culpa de la materia? Acuérdate de lo que te pasó en matemáticas el año pasado, en relación con el anterior.

LEO: Es cierto que la manera en la que el profesor enseña hace una gran diferencia. El año pasado el profesor de matemáticas era muy simpático, pero eso era todo.

MAMÁ: En efecto, pero también tiene que ver el interés que decidas poner en cada materia. Lo que estés dispuesto a esforzarte.

LEO: Eso es lo más pesado, el esfuerzo, el trabajo. Me pregunto por qué tenemos que hacer toda esta tarea en casa. Ya sé lo que me vas a decir, eso nos prepara para nuestra profesión, ¿no?

MAMÁ: Me da gusto saber que no siempre hablo en vano y que de vez en cuando me escuchas, pero eso no es lo que te quería decir.

LEO: Debo decir que tu discurso sobre el trabajo ya está muy gastado.

MAMÁ: Justamente, intento renovarme, deberías estar contento. Yo creo que hacer todo ese trabajo te ejercita el cerebro. Es útil para la vida.

LEO: Eso es. Estamos aprendiendo a sufrir y así sufriremos toda la vida... ¿No es más o menos eso lo que dices?

MAMÁ: El esfuerzo no es sólo sufrimiento, es también el aprendizaje de la autonomía, uno aprende a resolver los problemas por sí mismo.

LEO: A mí, de todos modos, lo único que me gusta de la escuela son mis amigos.

MAMÁ: Eso forma parte de tu educación, aunque no te des cuenta, es el aprendizaje de la vida en la sociedad. Y no se reduce a los amigos, sino que incluye a los adultos, las jerarquías, las reglas...

LEO: Pero de todos modos pasamos demasiadas horas en la escuela, es mucho tiempo, nos terminamos aburriendo, sobre todo porque en las clases ni siquiera tenemos derecho de expresarnos.

MAMÁ: No creo que las clases sean el lugar para expresarse. Aún así, tienes profesores que los hacen participar más que otros. ¿Eso no te parece menos aburrido?

LEO: Puede ser, pero siempre es duro regresar a la escuela después de las vacaciones.

Reflexión

El origen del término "escuela" viene del griego *scholé*, que designa una interrupción del trabajo, un "tiempo libre". A su paso por la lengua latina se desvió porque el término *schola* implica una connotación de esfuerzo; se trata también de una distracción, pero de estudio, porque el término indica una liberación de las obligaciones de un trabajo vinculado con la supervivencia. Se tenía el tiempo para aprender, el tiempo de descubrir cosas no relacionadas con las necesidades inmediatas, es decir, inútiles para la vida cotidiana, por el simple placer de educarse. La escuela era un lujo, antes de convertirse en una obligación. Aún es un lujo en ciertas sociedades, en las cuales la escuela está lejos de ser un derecho adquirido y real para varias minorías.

¿Qué es para nosotros la escuela, más allá de la obligación jurídica y de la costumbre que hace automáticamente a los hijos alumnos o colegiales? Desde la perspectiva de los hijos, las diferentes maneras de experimentar la escuela son las que se mencionan a continuación:

Es el lugar de la amistad, del descubrimiento del lazo social, la experiencia de las relaciones con los pares, así como del conjunto de satisfacciones y de desengaños que las acompañan.

Es el lugar del aprendizaje, del conocimiento y del razonamiento más o menos laborioso y agradable o incluso pesado o alienante.

Es el lugar de la afirmación de uno mismo ante la diversidad social.

Es el lugar del aprendizaje de la vida en sociedad, de sus reglas, de sus jerarquías, su arbitrariedad, su justicia y su injusticia.

Para los adultos, más allá de los intereses que recubren aquellos percibidos por los hijos, existe uno que divide a los padres y a los educadores, en ocasiones de manera violenta: la oposición o la diferencia entre la transmisión y la educación. Es la versión pedagógica de la eterna querella entre lo anticuado y lo moderno.

De un lado están los partidarios de la "tradición": la escuela tiene la misión de transmitir los datos culturales, el conocimiento de base y los valores cívicos y morales, aquello que constituye la base de la sociedad y que garantiza su continuidad.

Del otro lado están los partidarios de la "modernidad": la sociedad evoluciona, la escuela también debe evolucionar, no es un templo del saber aislado el mundo y por eso, no se trata de encaminar ideas preconcebidas, sino de permitir que cada uno se exprese, que cada uno defina sus particularidades y eso deberá ser tomado en cuenta en el proceso pedagógico.

20. ¿Por qué nos enojamos?

Hijo: Y bueno, ¿por qué te enojas tanto?

Papá ¡Porque todos los días hay que repetirte cincuenta veces la misma cosa!

Hijo: ¡Cincuenta veces! ¡Qué bárbaro!

Papá: Y tú, con esa actitud, ¿no te parece que eres más bárbaro?

Hijo: ¡De todas maneras no tienes que enojarte!

Papá: ¡No estoy enojado!, sólo estoy molesto.

Hijo: Bueno, yo no veo la diferencia.

Papá: Sigue así y entonces sí me voy a enojar. ¡Te aseguro que te vas a arrepentir!

Hijo: ¡Está bien! Está bien, ya no digo nada.

Silencio.

Papá: No estás totalmente equivocado. Es cierto que a veces me enojo un poco rápido.

Hijo: ¡Sí! Apenas llego, dejo mi mochila y me gritas.

Papá: Tu descripción está un poco distorsionada. Hace un cuarto de hora que llegaste. Además, sabes bien que no quiero que pongas tu mochila en la escalera. Tu hermana ya se ha lastimado porque dejas cualquier cosa ahí.

HIJO: **No hace ni un cuarto de hora. Además, la iba a llevar a mi cuarto.**

PAPÁ: Te cuesta el mismo trabajo dejarla en otro lado que no sea la escalera. Aunque así sea, admito que me enojé muy rápido por algo que no lo ameritaba.

HIJO: **Últimamente te enojas todo el tiempo y nos gritas. Mamá te lo hizo notar el otro día.**

PAPÁ: No me recrimines. He dormido mal estos días y tengo problemas en el trabajo, ya sabes que puede que pierda mi empleo con la compra de la empresa.

HIJO: **Te entiendo, pero de todas maneras, pareciera que es nuestra culpa.**

PAPÁ: Hablas un poco sin razón, pero es cierto que cuando tenemos preocupaciones o cuando no nos está yendo bien, nos desahogamos con todo el mundo. Nos enojamos rápido.

HIJO: **Cuando un adulto se enoja con nosotros, no pensamos en eso. Nos molesta y nos hace enojar también, incluso aunque sepamos que en ocasiones tienen razón.**

PAPÁ: No es una buena estrategia, tienes que comprender también que si uno se enoja es porque no se puede hablar normalmente. Pensamos que no sirve de nada conversar.

HIJO: **Cuando nos gritan, también nos enojamos. Nos interesa solamente defendernos, reaccionamos, no pensamos que la otra persona tiene problemas.**

PAPÁ: No es muy evidente, lo admito. Puede ser que sea mejor no responder de inmediato, contar hasta diez, por ejemplo. Si tenemos las ideas más claras, podemos responder menos acaloradamente.

HIJO: Yo me enojo cuando pierdo la paciencia. Por ejemplo, cuando no puedo resolver los problemas de matemáticas y ¡no tengo ganas de pasar la tarde haciéndolos!

PAPÁ: Es lo que digo, cuando uno se siente impotente da la impresión de que no vamos a obtener lo que queremos. Creo que los chinos dicen que un sabio no tiene deseos, pero...

HIJO: Es cierto que si no deseáramos nada, no nos podríamos exasperar.

PAPÁ: No querer nada es imposible, siempre tenemos deseos y necesidades. Creo que más que nada, no hay que preocuparse demasiado por eso, después de todo, el mundo no se acaba si uno se enoja. No hay que ponerle tanta atención y se pasará.

HIJO: De todas maneras, a veces nos dices cosas duras cuando te enojas.

PAPÁ: ¡Así te acostumbrarás y más tarde no te afectarán los enojos de los demás!

Reflexión

En el plano psicológico, el enojo es una emoción, es decir, la manifestación de un sentimiento intenso. Se trata de un estado de sobreexcitación nerviosa, que acarrea reacciones desmesuradas ante estímulos internos o externos. La forma extrema es la cólera, la más ligera la irritación. Se cree que la fatiga física, por ejemplo la falta de sueño, es una de las razones principales del enojo, en particular cuando este estado de irritación no es un fenómeno corriente en una persona determinada. Otra causa: cuando una persona está sometida a alguna presión moral no habitual, aquello que también llamamos estrés: una tensión provocada cuando se somete a un organismo a restricciones excesivas. Aunque incluso en esas ocasiones, las causas físicas y emocionales pueden combinarse, ante esas modificaciones ambientales, se conoce la capacidad de la *psique* para soportar la presión exterior o las modificaciones importantes de diferentes tipos. Ciertas personas sensibles a los efectos de los estímulos serán más propensas al enojo.

En el plano filosófico, se puede considerar que el enojo es una pérdida del dominio de uno mismo porque la sobrecarga emocional no permite a la razón operar, debido a que la satisfacción de nuestros instintos domina cualquier otra consideración: nos centramos en nosotros mismos y somos incapaces de distanciarnos, nuestro funcionamiento está totalmente determinado por la inmediatez y, por lo mismo, nos hacemos inútilmente agresivos o violentos.

La sabiduría o la razón nos obligan a reprimir nuestra mente; por razones morales o culturales: porque el enojo es una forma exacerbada de egocentrismo e ignorancia del prójimo. Por razones prácticas: porque la acción determinada por el enojo es más bien ineficaz. Por razones psicológicas: porque el estado de enojo es doloroso para el que lo sufre. Por razones existenciales: porque el enojo es una pérdida de autonomía del sujeto.

La impasibilidad se considera aquí inconsciente o inhumana, aunque algunas personas encuentran en esta postura una justificación útil para su irritación crónica.

21. ¿Qué es una mejor amiga?

MAMÁ: ¿Qué te pasa, Julia? Te ves preocupada…

JULIA: No es nada. Sólo estoy pensando.

MAMÁ: Eso veo, pero estás sumergida en tus pensamientos. Se ve que algo te preocupa.

JULIA: No es que me preocupe, pero hay una niña nueva en clase, Lucía, y me pidió algo un poco raro.

MAMÁ: ¡Ah, vaya! ¿Qué te pidió que sea tan raro?

JULIA: Pues mira, como es nueva, he intentado ser amable con ella, enseñarle las cosas y explicarle, y después de clase, justo antes de irnos, me preguntó si quería ser su mejor amiga.

MAMÁ: Bueno, yo no le veo el problema. Como acaba de entrar a la escuela, está buscando una amiga. ¿Por qué te llama tanto la atención?

JULIA: No es que me impresione, pero es que la conozco desde hace dos días.

MAMÁ: Bueno y ¿cuántos días se necesitan para tener derecho de ser tu amiga?

JULIA: Oye, no es la misma cosa ser una amiga que ser la *mejor* amiga.

91

MAMÁ: Puede que para ella no haya diferencia.

JULIA: ¿Es en serio? Todo el mundo sabe qué es una mejor amiga. No es lo mismo.

MAMÁ: Lo creo porque tú me lo dices, pero explícame la diferencia.

JULIA: No se le pregunta a alguien si quiere ser tu mejor amiga. La mejor amiga surge sola, si no es como forzar a la otra persona.

MAMÁ: De acuerdo, pero no me has explicado qué es una mejor amiga.

JULIA: Bueno, uno está siempre con ella, se piensa mucho en ella, la tomas del brazo en la calle. Le dices a la gente que no se meta con ella y la defiendes si alguien la insulta. No es lo mismo que una amiga cualquiera.

MAMÁ: ¿Y cómo se sabe que alguien es nuestra mejor amiga?

JULIA: ¡No sé! ¡Se sabe, eso es todo!

MAMÁ: ¿No te parece que la descripción se parece mucho al amor?

JULIA: ¿Cómo crees? No hay sexo cuando se trata de una mejor amiga.

MAMÁ: Pero piensas mucho en ella, quieres verla todo el tiempo, no soportas que nadie la critique, te pones un poco celosa… Es muy fuerte, ¿no?

JULIA: Una mejor amiga es solamente la que te conoce bien, a la que le cuentas tus cosas personales, con la que compartes gustos y en la que puedes confiar.

MAMÁ: Pero, entonces ¿por qué cambias de mejor amiga después de un tiempo?

JULIA: Porque hay problemas y nos peleamos y terminamos por no soportarnos.

MAMÁ: Me parece escuchar la explicación de un divorcio, ¿no crees?

JULIA: No, pero no me entiendes, no tiene nada que ver con eso.

MAMÁ: ¿Y ese collar que comparten, con un corazón partido en dos?

JULIA: ¿El collar de "mejores amigas"? Es simplemente un collar que se comparte con tu mejor amiga, ¿eso qué?

MAMÁ: ¿No te parece que te irritas un poco cuando hablamos de la mejor amiga?

JULIA: ¡Sí, pero ve también las preguntas que me haces!

Reflexión

Amar es una acción general. En francés es un verbo comodín. Se ama a los padres, a la amiga, a la música y al chocolate... Sin embargo, ¿qué es lo que marca la diferencia entre los diversos objetos del "amor"? En tanto que se distingue fácilmente el hecho de amar una cosa y amar a una persona, es más difícil distinguir cómo se ama de forma diferente a diferentes personas. Incluso la relación de atracción entre dos seres en específico se transforma con el paso del tiempo, tanto que en ocasiones es difícil distinguir, por ejemplo, entre el amor y la amistad.

Los griegos antiguos tenían tres términos para indicar las maneras de amar: *philia, eros* y *agape*. El primero remite más a la amistad, considerada como un amor tranquilo y confiado, menos dependiente, más distante y reflexivo. El segundo expresa el amor más en el sentido de un ardiente deseo de posesión, de una expectativa inquieta y nerviosa, a menudo con una connotación sexual, pero no necesariamente. El tercero, más raro y difícil, indica una forma de amor desinteresada, un amor dispuesto a darlo todo por una persona, un grupo o la humanidad, pero que al mismo tiempo no espera nada del otro.

Se puede pensar que el desplazamiento semántico entre estos diferentes significados no está tan definido o incluso que puede cambiar en los diferentes momentos de una relación. Ese es el caso particular de los niños y los adolescentes, que están en una edad en la que sus estados psíquicos no están establecidos claramente, entre otros el plano de la sexualidad, aunque ésta comienza a atravesar formas, a veces contradictorias.

La novedad de la experiencia, ligada a un sentimiento estimulado por la incertidumbre de la identidad personal, puede ocasionar inquietud que varía en intensidad según sea el caso y las circunstancias. Como sea, parece que lo que representa mejor el concepto de "mejor amiga", en femenino porque es más frecuente entre las chicas, captura muy bien lo que involucra una atracción tan experimental como excesiva.

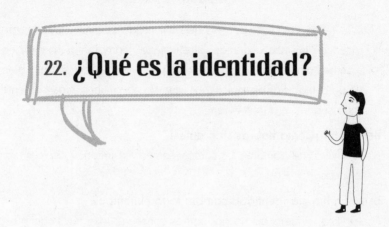

22. ¿Qué es la identidad?

BETO: ¿De qué sirve tener una identificación?

MAMÁ: Para establecer y probar la identidad de uno.

BETO: ¡Ah! ¿Si uno no tiene identificación, no tiene identidad?

MAMÁ: Desde el punto de vista humano sí, pero desde el punto de vista nacional y jurídico, no.

BETO: ¿Y quién decide nuestra verdadera identidad?

MAMÁ: Nuestra verdadera identidad, no sé. Hay diferentes formas de entender la identidad.

BETO: Entonces no sabes quién eres, porque no conoces tu verdadera identidad.

MAMÁ: Tú me identificas como tu mamá, para tu papá soy su esposa, para el Estado soy una ciudadana, para la tienda soy un cliente.

BETO: ¿La identidad siempre está relacionada con alguien más? ¿Nunca es nuestra?

MAMÁ: Yo también tengo una idea de quién soy. Tengo mis opiniones, mi carácter, mis gustos y mis deseos.

BETO: No crees que con todo eso, es un poco complicado reconocerse y saber quién es uno.

MAMÁ: Tienes razón. Es por eso que a menudo tenemos dudas sobre nosotros mismos. Además, al envejecer, cambiamos mucho, no somos como antes, es sorprendente lo que nos ocurre, para bien o para mal. Por ejemplo, creo que yo soy mucho más paciente que cuando era más joven.

BETO: ¡Uy! ¡Cómo habrás sido antes!

MAMÁ: Mira, tus comentarios sarcásticos no me irritan. Acepto mejor las cosas.

BETO: En fin, ¿la identidad cambia todo el tiempo?

MAMÁ: No, si fuera así no podríamos conservar las identificaciones, tendríamos que cambiarlas todo el tiempo. ¡Es necesario que lo reconozcan a uno por algo!

BETO: Bueno, pero no has respondido a mi pregunta. ¿Cuál es nuestra verdadera identidad?

MAMÁ: Si te refieres a lo que no cambia de nosotros, de verdad que es difícil de decir. Nuestras huellas digitales no cambian, por ejemplo.

Silencio.

MAMÁ: Sin embargo, es cierto que reducir nuestra identidad a nuestras huellas digitales es un poco raro. También podríamos decir que nosotros somos siempre los hijos de nuestros padres.

BETO: ¡Eso es igual! Yo no quiero que mi identidad esté relacionada con mis papás. Porque además, yo no soy como ustedes.

MAMÁ: ¡Eso dices tú! A mí me recuerdas mucho a tu papá.

BETO: No me gusta que todo el tiempo me estén diciendo que me parezco a mi papá o a quién sabe quién. Porque eso significa que uno nunca es uno mismo.

MAMÁ: Tienes razón, te entiendo. ¿Pero, entonces quién eres?

BETO: Pues soy un hijo, un chavo, un alumno.

MAMÁ: Si así te defines, no eres tú mismo: eres idéntico a millones de otros hijos. Piensa que también es posible que no tengamos una verdadera identidad personal.

BETO: Y si mañana te encontraras a otro en mi cama, en lugar de mí, ¿no dirías nada?

MAMÁ: Es gracioso tu argumento. ¡Buen punto!

BETO: Creo que encontré la solución. Nuestra identidad, no la conoceremos más que al final, cuando veamos todo lo que hemos hecho en la vida.

MAMÁ: Y mientras tanto, ¿eres como todo el mundo? ¿Será que no conoces todavía lo que te hace ser tú o que no tienes una identidad clara todavía?

BETO: Bueno, todo esto empieza a confundirme. Yo creo que mejor vamos a solicitar la identificación y dejamos en paz el problema de la identidad, por el momento.

Reflexión

El término identidad proviene del latín ídem, igual. En ese sentido, indica todo aquello que es idéntico en una cosa o en un ser, que no cambia, que es siempre igual. El problema para el individuo es determinar ese elemento. Desde el punto de vista biológico, tenemos un ADN específico, huellas digitales; desde el punto de vista social, tenemos oficialmente dos apellidos y al menos un nombre, un lugar de origen, una fecha de nacimiento, una familia, una función, un sexo y se nos atribuyen diferentes números (seguro social, registro de contribuyentes, etcétera).

Desde el punto de vista de lo que nos rodea, tenemos un carácter, una manera de pensar moral e intelectual, diferentes gustos y afinidades. Por ejemplo, en relación con nosotros mismos, tenemos un pasado, una conciencia del mundo y de nosotros mismos. Una pregunta importante es saber si nuestra identidad existe en sí, objetivamente, o si nosotros decidimos que existe. ¿Somos libres o no de determinar quiénes somos? Esta tensión nos lleva en ocasiones a dudar de nuestra propia identidad, a detestarla, e incluso a ignorarla porque esta preocupación nos parece superflua; en otros casos, nos lleva a conformarnos simplemente con la imagen que proyectamos.

Ciertas culturas anteponen siempre una idea colectiva, otros favorecen más la individualidad, cada visión tiene sus ventajas y desventajas. La identidad nos permite saber quiénes somos y cómo nos distinguimos de los demás. Sin embargo, ¿nacemos con una identidad, se otorga de antemano o se construye a lo largo de la existencia? Tenemos diferentes maneras de fabricar una identidad: por medio de nuestras actividades, de nuestras relaciones o identificaciones, nuestra apariencia, nuestros títulos.

Nos preocupamos de ella, en particular, en los periodos de mutación rápida, como la adolescencia o la jubilación. "Conócete a ti mismo y conocerás al universo y a los dioses" —rezaba el oráculo de Delfos—. Ahora bien, ese conocimiento de nuestra identidad parece constituir precisamente uno de los mayores desafíos que se nos podrían presentar. Pero... ¿deberíamos preocuparnos por eso, realmente?

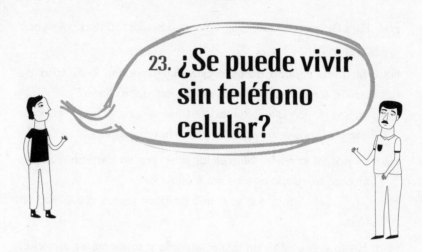

23. ¿Se puede vivir sin teléfono celular?

HIJO: ¿Ya sabes que mi cumpleaños es a fin de mes?

PAPÁ: Sí, haces bien en recordármelo, ¡las fechas y yo no nos llevamos! Aunque creo que también quieres pedirme algo más.

HIJO: Ya sabes lo que te quiero pedir.

PAPÁ: Arriesgándome a pasar por ingenuo o mentiroso, tengo que decir que no.

HIJO: ¡Ay, ya te lo imaginas, ya hemos hablado de eso muchas veces!

PAPÁ: ¡Ah, claro, qué tonto! Ese elemento indispensable para el adolescente moderno y para la modernidad: el celular. Ese objeto sin el cual no se puede existir.

HIJO: Te burlas de mí, pero eso no impide que todos mis amigos tengan uno. Además, me prometiste el año pasado que en este año me lo comprarías.

PAPÁ: Yo prometo muchas cosas… pero dime, ¿por qué es tan indispensable ese celular?

HIJO: ¡No es cierto! Ya vas a empezar… No sé, hay muchas razones. Por ejemplo, cuando olvidé anotar la tarea que había que hacer para el día siguiente, hubiera podido hablarle a un amigo.

PAPÁ: Para eso puedes utilizar el viejo teléfono familiar todo el tiempo que quieras.

HIJO: Sí, pero cuando necesito que me expliquen o es cosa de discutir, toma tiempo y no quiero bloquear la línea.

PAPÁ: Ya veo. Todo parte de tus buenas intenciones, tú haz tu trabajo, no te preocupes. No sabía que eras tan abnegado.

HIJO: Es por mí también. Sin celular paso por un perdedor. Soy el único en mi grupo que no tiene uno.

PAPÁ: ¿Y Daniel? Sabía que su mamá tampoco quería que tuviera un celular.

HIJO: Hasta crees, él es un intelectualoide y su mamá es especial.

PAPÁ: En efecto, es investigadora en microbiología, ¡eso es muy especial! Y… el hecho de que ese teléfono cueste caro, ¿no te importa?

HIJO: No cuesta tan caro, puedo contratar un plan bloqueado y si me paso pago una tarjeta con el dinero que tengo para gastar.

PAPÁ: Ya veo. Se va convertir en tu principal preocupación. De hecho no te concentras mucho en el trabajo de escuela, y con este famoso teléfono estarán los juegos, la música, internet y todo lo demás.

HIJO: La escuela no es lo único en la vida. Estoy creciendo, tengo derecho a una vida personal.

PAPÁ: ¿Piensas que es el teléfono el que te la va a dar? He visto que los jóvenes se hablan por teléfono para cualquier cosa. Es como si tuvieran miedo de estar con ellos mismos. Siempre tienen que estar hablando con alguien.

HIJO: ¡No porque bebas vino te tienes que emborrachar! También se puede uno controlar. ¿Por qué no me tienes confianza?

PAPÁ: Porque he visto cómo funciona la sociedad. Con esta publicidad que nos obliga a consumir cada vez más. Tampoco se sabe si esas ondas son nocivas para el cerebro. Además hay que estar cambiando de teléfono todo el tiempo, es una verdadera contaminación. Se han desechado millones de teléfonos, es una catástrofe ecológica de la que nunca se habla.

HIJO: ¿Por qué todo lo dramatizas? Ya se sabría algo si fuera tan grave. Además, si tuviera un teléfono podrías saber dónde estoy. Ya sabes lo nerviosa que se pone mamá si llego tarde a la casa.

PAPÁ: ¡Mmmh, muy convincente! En fin, afortunadamente, tengo hasta fin de mes para pensarlo.

Reflexión

El celular es más que un objeto, es un verdadero símbolo social, pero ha sido un poco precipitado que le llamen *gadget* porque si reflexionamos un momento, el número de funciones o de aplicaciones que posee uno de esos "teléfonos inteligentes" es verdaderamente extraordinario, en particular gracias a la conexión a internet. Además, si se tiene el *gadget*, éste le otorgará a su dueño poderes sobre el mundo, tanto de información, como de acción y comunicación. De ahí surge el sentimiento de omnipotencia.

También representa un cambio de paradigma en lo que respecta a la percepción de la realidad, porque derriba fronteras. En el plano geográfico, por ejemplo, permite estar en casa no importa dónde se esté. En el plano temporal, desarrolla la cultura de lo instantáneo e inmediato al estar en contacto con todo mundo, en todo momento e induce así a un habla compulsiva, a una disponibilidad sin límites, a una intimidad cada vez más limitada. En el plano material: todo lo hace virtual, las tiendas por ejemplo, por medio de las compras a distancia. Encarna bien a la sociedad de consumo.

Por medio de los efectos combinados de la publicidad y del desarrollo tecnológico, un buen número de personas lo cambian todos los años; es el consumo el que financia al objeto y no su compra, el servicio ni el uso.

Para los más grandes, apenas alcanza el tiempo para comprender cómo funciona y acostumbrarse; para los más jóvenes, apenas alcanza el tiempo para aburrirse de ellos. Ha llegado a tal punto, que representa una nueva forma de contaminación muy difícil de tratar debido a los materiales sofisticados y muchos minerales de los componentes que lo constituyen.

Otro punto es el aspecto de identidad del objeto. Al igual que en el pasado el cabello largo o los tenis representaron la pertenencia a una época, a un grupo, o un clan de iniciados, el teléfono de última generación es, hoy día, la forma más privilegiada de indicar que se está "a la moda", sin contar el hecho de que se puede estar en contacto permanente con los "amigos" y de utilizar la canción en boga como tono de llamada. No es sorprendente que tenga tanta importancia para los adolescentes, estos seres anclados totalmente en su época, ni que sea objeto de codicia, e incluso fuente de violencia entre aquellos a quienes se les niegue.

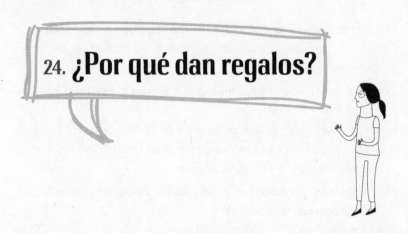

24. ¿Por qué dan regalos?

HIJA: ¿Sabes que los papás de María no le dan regalos de Navidad?

PAPÁ: Me imagino que tendrán sus razones; puede ser que se haya portado terriblemente mal todo el año...

HIJA: ¡Para nada! No tiene nada que ver con su conducta, es así todos los años, con toda su familia.

PAPÁ: ¡Ah, vaya! ¿Y por qué? ¿Es por razones religiosas? ¿Consideran la Navidad una fiesta cristiana?

HIJA: No, pero sus papás dicen que Navidad es solamente una fiesta comercial, que se sienten obligados a comprar regalos y no es sincero.

PAPÁ: No está tan alejado de la realidad. Es verdad que es una fiesta un poco calcada y deformada, se ha olvidado el sentido original. Uno se siente obligado a festejar, pero muchas veces pasa lo mismo cuando se hacen regalos, como en los cumpleaños, por ejemplo.

HIJA: ¿Quieres decir que cuando nos haces un regalo de cumpleaños es nada más porque te sientes obligado?

PAPÁ: No "nada más", como tú dices, siempre hay otras cosas. Nuestras acciones a menudo se componen de motivaciones diferentes u opuestas.

HIJA: ¿Entonces por qué decides darnos regalos en Navidad?

PAPÁ: Esa es una buena pregunta, más difícil. De hecho, existen varias razones.

HIJA: No tienes que darme más que las principales, con esas es suficiente.

PAPÁ: Para empezar, es verdad que existe la tradición. En segundo lugar, porque es un momento de felicidad, porque toda la familia está de fiesta y me da gusto ver eso.

HIJA: Entonces, ¿le hacemos regalos a los demás únicamente por complacernos a nosotros?

PAPÁ: De cierto modo, sí, aunque se escuche un poco egoísta. También nos da gusto que las personas a las que queremos estén felices.

HIJA: ¡Para nada! ¿Te acuerdas del *Tour de France*, cuando las personas de los camiones aventaban regalos que nosotros recogíamos? Me dijiste que esos no eran regalos.

PAPÁ: Pues sí, era publicidad, ofrecen regalos para que la gente compre sus productos. Entonces, también quieren que las personas estén contentas. ¡Así les va mejor!

HIJA: Tengo una compañera así. Si te da un regalo, es seguro que te va a pedir alguna cosa. El otro día, quería que fuera con ella de compras.

PAPÁ: Puede ser que se quiera dar a querer; los regalos son una forma clásica de seducción.

HIJA: Es una idea ridícula. Nadie te va a querer porque le des regalos.

PAPÁ: Tienes mala memoria. El año pasado te tuve que pedir que dejaras de darle cosas a tus amigas que venían a la casa. Querías darte a querer.

HIJA: Sí, bueno, todavía estaba chica. Acuérdate tú también. Cuando te ibas de fin de semana sin nosotros, nos traías regalos. Estoy segura que era para que te perdonáramos la ausencia.

PAPÁ: Puede ser que sí me sintiera culpable de salir sin ustedes, pero también para eso sirven los regalos, para facilitar las relaciones entre las personas. Podemos mostrar que nos importan, a veces mejor que con palabras.

HIJA: Tienes razón, es mucho mejor. Si quieres que te quiera de verdad, te puedo decir qué me puedes regalar de Navidad...

Reflexión

El hecho de ofrecer regalos en Navidad parece un acto banal, uno de esos gestos que son parte de la vida cotidiana. A algunos, los regalos nos dan placer, subrayan los momentos particulares, algunos más memorables que otros, pero sobre todo, forman parte integral de rituales importantes, ya sea de naturaleza social, familiar o alguna otra. Por ejemplo, la Navidad, los cumpleaños o incluso los reencuentros, son momentos privilegiados que incitan a ofrecer regalos.

Sin embargo, se pueden dar regalos por razones muy diferentes, el mismo gesto puede tener un sentido completamente opuesto. Entre los más clásicos, se trata de complacer. Deseamos que el otro esté feliz porque lo queremos o apreciamos. A la sombra de esa razón, ronda también el hecho de que queremos que nos quieran, y que los regalos sean, en teoría, un buen medio de seducción. Es una expectativa un poco ilusoria, porque sería muy fácil creer que el amor puede comprarse. Sin duda, los detalles alimentan al amor y lo cultivan por medio de intercambios mutuos de atención, pero sería muy dudoso concluir que los regalos pueden engendrar amor.

De manera inversa, esta creencia poco fundamentada o desesperada puede servir comúnmente para manipular al enamorado, con el fin de obtener lo que se quiere. Los regalos sirven también como símbolos o mensajes que dan testimonio de sentimientos menos fuertes que el amor, como el respeto, la amistad, el afecto o el reconocimiento. También sirven para presumir de uno mismo, jactarse de su poder, de su riqueza, de su generosidad artificial, o incluso obligar a otro de manera furtiva o grosera, en espera, por ejemplo, de admiración o gratitud.

Los regalos también generan una obligación, ya sea porque las circunstancias parecen imponerla o porque nos preocupe la reciprocidad. El intercambio "obligado" puede entonces convertirse en el pretexto de una mente consumista que se articula por medio de un intermediario: yo te doy, tú me das...

Más allá del placer que dé recibir un regalo, la polisemia de la palabra, nos deja en ocasiones perplejos ante la ofrenda que se nos hace o se nos deja de hacer. Después de todo, la facilidad del regalo permite justificarnos o quitarnos culpa a un buen precio.

25. ¿Qué nos gusta de los *Reality Shows*?

Hijo: Mamá, ¿puedo ver la tele? Ya acabé la tarea.

Mamá: ¿Seguro que terminaste? ¿La de matemáticas también?

Hijo: ¡Sí, ya te lo dije! Puedes revisar si no me crees.

Mamá: Ya sabes que no me gusta esta idea de "ver la tele". Es más, puedes verla así, apagada...

Hijo: ¡Qué chistosa! No sé por qué te molesta tanto que vea la tele. Papá también ve mucha tele.

Mamá: Bueno, deja a tu papá tranquilo, ¿no? Dime qué programa quieres ver.

Hijo: ¿Qué crees que quiero ver? ¡Pues *La isla*!

Mamá: ¡No entiendo por qué no ves otra cosa que sea más interesante!

Hijo: Porque todo mundo lo ve y yo soy como todo mundo.

Mamá: Bueno, yo no lo veo, tú lo sabes.

Hijo: Tú eres especial, además tú no eres un adolescente, aunque la mamá de mis amigos sí lo ve.

Mamá: Ya que estás tan entusiasta, dime qué tiene de extraordinario este programa.

HIJO: Pues mira, se aprenden cosas, porque es como la vida real.

MAMÁ: ¡La vida real! ¿Me puedes explicar qué tiene de real eso?

HIJO: Son personas dentro de un lugar, ahí viven y las filman las 24 horas del día.

MAMÁ: ¡Maravilloso, hasta cuando van al baño! Debe ser fascinante la vida real.

HIJO: Ash, hay lugares donde no hay cámaras, como la sala secreta.

MAMÁ: ¿Y qué es eso tan maravilloso que hacen?

HIJO: ¡Pues eso precisamente, son como nosotros, hablan, se divierten, cocinan, discuten, salen juntos, todo eso!

MAMÁ: Pero, ¿por qué es mejor que la televisión, si hacen lo mismo que todos los demás?

HIJO: Sí, pero al mismo tiempo no son totalmente como nosotros; son más originales. Por ejemplo, hay uno que es andrógino.

MAMÁ: Y además de ser andrógino, ¿qué le ves de interesante?

HIJO: Es un poco raro, pero, sobre todo, hay que descubrir su secreto. Eso es lo padre.

MAMÁ: Y si es un secreto, ¿por qué va a la televisión para decírselo a todo el mundo?

HIJO: ¡Es un juego! Cada uno debe descubrir el secreto del otro.

MAMÁ: ¿No te da la impresión de que es un poco morboso y malsano? Tú, que te preocupas tanto de proteger tu intimidad, quieres revelar la de otros.

HIJO: También es un programa, como si fuera ficción.

MAMÁ: ¡Ah, bueno! Yo pensaba que era como la vida real.

HIJO: Ya sé que es lo que no te gusta, que hablan de sexo de manera abierta y realista.

MAMÁ: Quieres decir pornografía, lo que hacen y cuentan delante de todo el mundo.

HIJO: ¡Sabes muchas cosas para ser alguien que nunca ve el programa!

Mamá: He leído artículos. Varios periódicos señalan estos programas como estúpidos, con chismes, discusiones idiotas, donde todos compiten para ganar dinero y hacerse famosos. ¡Gracias a toda esa gente que paga para votar por teléfono a favor de su personaje favorito!

Hijo: **Si es tan malo, ¿cómo explicas que haya tanta gente que lo ve? ¡Puede que los demás no piensen como tú!**

Mamá: ¡Como esa chica que terminó con su novio por teléfono, delante de todo el mundo! ¿No ves el problema? ¿De verdad no tienes espíritu crítico?

Hijo: Yo me pregunto, sobre todo, por qué te tomas todo tan en serio. Creo que tú y yo nunca vamos a estar de acuerdo.

Reflexión

Los *Reality Shows* son un fenómeno importante de la sociedad, particularmente a causa de su inmensa popularidad entre los jóvenes de 15 a 30 años. La prensa no puede evitar hacer eco de lo que pasa entre los muros de esos *lofts* o "islas" célebres. Ya sea para contar y describir lo que pasa ahí o para analizar y vilipendiar el concepto, todos se sienten obligados a hablar de ello.

Del mismo modo, se supone que todos estamos familiarizados con el contenido de esos programas, que serán sin duda, uno de los temas de discusión en la oficina o en la escuela. Sin duda, la imagen que proyectan nos gusta o disgusta porque estos programas representan un verdadero espejo de nuestra sociedad. ¿Podemos responsabilizar realmente a estas producciones de lo que somos o son solamente un síntoma? Sean lo que sean, estos programas tienen el mérito de hacer evidente lo que no necesariamente vemos, de un manera tan burda que resulta transparente.

Es verdad que nuestra sociedad está impregnada de morbo, adoramos ver y escuchar los secretos de alcoba, con diferentes pretextos, como por ejemplo, el de conocer la verdad. Ese ha sido el caso desde siempre, pero ahora contamos con los medios para hacer esos secretos más impactantes y producir un morbo aun más exagerado.

Es lo mismo para los chismes o la banalidad. ¿El asombro cambia las cosas? Extrañamente, la pornografía no está en este caso tan lejos de la cursilería; muchos antiguos participantes de estos programas se involucran después en esa industria y algunos otros se vuelven cantantes o "actores" de televisión.

No queda sino lamentar esta triste representación, que pretende mostrar la realidad en esta actualidad más bien sórdida, a menos que decidamos de hecho lamentar la realidad misma. Como sea, no nos precipitemos a sentenciar a los emisores de esta realidad, mejor, pensemos en nuestra sociedad: ¿vivimos un periodo de decadencia en espera de una reacción firme o un momento de transición; es esto un preludio de nuevos paradigmas morales, sociales y de identidad? Ahora sólo por salir en la televisón se es famoso, ya no al revés.

26. ¿De qué sirve sermonear?

PAPÁ: Félix, no me tienes muy contento. ¡Tu mamá me dijo que le estabas diciendo groserías a tu hermana!

FÉLIX: Ay sí, ella dijo más que yo, sólo que ella se esconde, lo hace a escondidas.

PAPÁ: Lo que ella haya hecho no cambia en nada lo que tú hiciste. ¡Ese es muy mal argumento!

FÉLIX: Pero, ¿por qué me regañas si todo el mundo lo hace todo el tiempo?

PAPÁ: Para empezar, me gustaría que me hablaras mejor, soy tu padre, y de todas maneras, no le vas a hablar así a quien sea, aunque estés enojado.

FÉLIX: ¡Ya me vas a sermonear otra vez!

PAPÁ: No quiero sermonearte, quiero platicar contigo.

FÉLIX: Sí, platicar para sermonearme. Siempre es lo mismo.

PAPÁ: Pero, dime ¿qué tienes en contra de eso?

FÉLIX: ¡Qué es muy cansado! "Hay que hacer esto, no hay que hacer lo otro". Lo que hago nunca está bien: ustedes siempre tienen algo que criticar.

PAPÁ: No sé quiénes son "ustedes", pero me imagino que te refieres a los adultos, en particular a tu mamá y a mí.

FÉLIX: **Sí, es lo mismo en la escuela, siempre me quieren sermonear.**

PAPÁ: Si me lo permites, ¿no eres tú el que utiliza, bastante a menudo, la frase "Eso no se hace"?

FÉLIX: **Puede ser, pero yo no veo la relación.**

Silencio.

PAPÁ: ¿Te acuerdas del otro día, cuando te hice una broma sobre la vigilante de la escuela de quien siempre hablamos?

FÉLIX: **¡Me dijiste en frente de todo el mundo que estaba enamorado de ella! En serio, eso no se hace.**

PAPÁ: Entiendo que no te guste, pero, ¿por qué utilizas la expresión "eso no se hace"?

FÉLIX: **Para empezar, no es cierto y además es algo personal. No les importa a los demás. ¡Se trata de respeto!**

PAPÁ: ¿Y cuando le dices groserías a tu hermana no se trata de respeto?

FÉLIX: **No es lo mismo. Todos los chavos hablamos así.**

PAPÁ: ¡Ah, vaya! ¿En clase, los chavos les hablan así a los profesores?

FÉLIX: **¡Todo lo mezclas! Los chavos hablamos así entre nosotros.**

PAPÁ: ¡Ah! ¿No es un problema moral saber qué palabras utilizar, cuándo utilizarlas y con quién utilizarlas?

FÉLIX: **Es de respeto. Es cierto que algunas veces puede ser de moral, pero no es lo mismo.**

PAPÁ: Veo la diferencia, está la moral de los jóvenes y la moral de los adultos... la moral que te acomoda y la que no.

FÉLIX: **Sí, pero siempre dices la misma cosa.**

PAPÁ: Incluso admitiendo eso, ¿no se trata de un problema moral?

FÉLIX: **¡No sé! ¡Nadie está obligado a pensar como tú!**

PAPÁ: La moral, para que sepas, es el hecho de decidir cómo se debe comportar uno en relación con los demás. Además, no veo cómo se podría evitar tener reglas morales para funcionar en sociedad. Sería una jungla.

FÉLIX: ¡Es sólo que no todos tenemos la misma moral!

PAPÁ: ¿Y cuál es entonces la diferencia entre "nuestra" moral y "su" moral?

FÉLIX: No sé. Todo lo que sé es que no me gusta que me digan qué hacer. Me cansa.

Reflexión

Desde siempre, de manera instintiva o deliberada, el ser humano ha establecido principios de funcionamiento existenciales y sociales, mismos que generan una serie de obligaciones y libertades destinadas a regular el bienestar de todos o de cada uno; a eso se le llama moral o ética. En efecto, existen varias inspiraciones para estas "morales": pueden ser engendradas por una visión religiosa, por una revolución política, por una reacción social, por el desgaste del tiempo, etcétera.

Algunos de esos códigos son más restrictivos que otros e intentan imponerse a toda costa, otros son más liberales. Algunos se consideran más universales, pues pretenden definir el bien para todos, otros se sitúan más en el individualismo.

Algunas morales son muy idealistas, con una alta visión del hombre, otras son más minimalistas, menos exigentes. Algunas se preocupan por el prójimo, otras están más volcadas hacia uno mismo. Algunas admiten que constituyen una moral específica, otras pretenden ser "naturales" y evidentes.

Sin embargo, toda visión moral engendra, necesariamente, una oposición o una tensión, por la justa razón de que toda moral enuncia una forma de obligación y que toda obligación, aunque sea cumplida por aquellos que acepten la limitación, será rechazada por otros que no la soporten. Así, la moral ha estado acompañada, desde siempre, de una "antimoral", que no es más que su sombra. Acción y reacción, dirían los físicos, de la misma naturaleza y con la misma intensidad, pero en dirección opuesta.

Evidentemente, los seguidores de una moral consideran que los partidarios de la moral opuesta son inmorales: es parte del juego. Una moral que no excluya, que no condene no sería tal, una moral que no tome el riesgo de rechazar lo que no le conviene a uno mismo o al prójimo estaría privada de lo necesario para guiar el comportamiento humano.

27. ¿Por qué sentimos vergüenza?

PAPÁ: Oye, mañana no trabajo. Si quieres, te acompaño a la escuela, hace mucho tiempo que no lo hago.

HIJA: ¡No, cómo crees! ¡Me daría mucha vergüenza!

PAPÁ: ¿Te daría vergüenza?, pero, ¿vergüenza de qué?

HIJA: Ya no estoy en la primaria.

PAPÁ: No veo la relación. ¿Qué es lo que te molesta? A mí me parece divertido.

HIJA: ¡Sí, claro! Todos los demás se van a burlar de mí.

PAPÁ: ¿Por qué, que no tienen papás? Un papá y su hija juntos. No veo el problema, te gusta que te lleve a pasear.

HIJA: Sí, pero ésta es la escuela, no es el cine o las vacaciones.

PAPÁ: Y tus amigos, ¿no tienen papás?

HIJA: Sí, pero no se les "pegan" para venir a la escuela. ¡Se ve que no conoces a los adolescentes!

PAPÁ: Puede ser, pero, ¿qué piensas tú? ¿Tiene sentido avergonzarse de tu papá?

HIJA: No sé, pero de todos modos, no quiero que todo el mundo se burle de mí.

Silencio.

HIJA: Bueno, estoy de acuerdo que es un poco raro. No quería lastimarte, pero no se puede evitar pensar en los demás, en lo que dicen de nosotros. Tú también me preguntas a veces si no me da vergüenza lo que hago.

PAPÁ: Sí, como el otro día, cuando te portaste insolente con tu mamá, pero habías hecho algo mal. Espero que te avergüence comportarte así.

HIJA: Pero, entonces, la vergüenza, siempre tiene que ver con lo que los demás piensan de nosotros, ¿es porque tememos por nuestra popularidad?

PAPÁ: No, también se relaciona con nosotros mismos, porque no estuvimos a la altura de lo que imaginábamos, porque cometimos un error o hicimos una tontería. Nos sentimos estúpidos.

HIJA: Ah, la vergüenza es sentirnos culpables porque hicimos algo mal.

PAPÁ: No siempre. Si estuvieras desnuda no estarías haciendo nada malo, sin embargo, te daría vergüenza que todo el mundo te viera

HIJA: ¡Bueno ya! A mí me da vergüenza que tú y mi mamá se pongan a besarse delante de todo el mundo.

PAPÁ: Porque a uno le da vergüenza exhibirse y también nos da vergüenza que los otros exhiban su intimidad, como si siempre nos tuviéramos que esconder.

HIJA: Es cierto que en el fondo es raro. ¿Crees que se puede uno deshacer de la vergüenza?

PAPÁ: Pues no creo que sea necesario deshacerse de ella. Si tenemos vergüenza, es porque tenemos sentido moral e intimidad.

HIJA: Sí, pero a veces es cierto que es demasiada, todo nos da vergüenza, por ejemplo tener un grano en la cara, y nos queremos esconder. Es hasta cansado.

PAPÁ: En efecto, ¡terminamos por tener vergüenza de nuestra propia vergüenza! Aunque al envejecer, son menos cosas las que te

hacen sentir así. La adolescencia es una edad difícil en ese sentido, uno se siente muy inseguro con la identidad, con su cuerpo,
hasta con la familia.

HIJA: Bueno, ¡entonces estamos de acuerdo... olvida lo de mañana
en la mañana!

Reflexión

En el Génesis se cuenta que cuando Adán y Eva fueron ex-
pulsados del Paraíso Terrenal se dieron cuenta que estaban
desnudos y sintieron vergüenza; esta experiencia original y
fundamental es común a todas las personas, en el momento
de la maduración psicológica. Se puede afirmar que la experiencia de sentir vergüenza es necesaria, porque expresa el descubrimiento de la moral, y opera en varios planos: personal y
social, físico y mental, individual e interpersonal; afecta todo
lo que constituye la identidad de una persona y se modificará
en el transcurso de la existencia.

Tener vergüenza es sentir y experimentar una sensación de
devaluación de nuestro ser: es inspirar a uno mismo, o a otros,
reprobación y desprecio. Se puede tener vergüenza de manera
general, que podríamos denominar la "vergüenza de existir", y
también la vergüenza ligada a una manera de ser o a un problema particular, por ejemplo, una discapacidad, una dificultad
evidente o simplemente por una falta de apreciación de uno
mismo. Eso se puede observar en las personas que se discul-
pan todo el tiempo ante los demás. También se puede sentir
vergüenza de un evento en particular o una acción cometida.

Entre las razones comunes para sentir vergüenza se encuentran: el error, la inmoralidad, la pertenencia a algún grupo
social considerado por algunos "inferior", una mala apariencia, la exposición de nuestros sentimientos, la desnudez o la

visibilidad de nuestras funciones orgánicas, etcétera. Esto podría implicar una inconformidad con los valores sociales establecidos, pues la vergüenza puede poner de manifiesto una visión muy personal de las cosas, por ejemplo cuando una persona le da mucho valor a su apariencia o cuando se porta muy exigente con ella misma.

Como todas las emociones, la vergüenza puede percibirse de manera positiva o negativa. Desde un punto de vista positivo, refleja el sentido moral, el respeto a los valores constitutivos de una sociedad, un sentido de ideal, conciencia de uno mismo y del prójimo; desde un punto de vista negativo, representa una ausencia de libertad ante el otro, un temor de existir, una falta de amor o de respeto a uno mismo, una preocupación exacerbada por las apariencias. La vergüenza reposa sobre la brecha que existe entre lo que somos y lo que querríamos ser, o deberíamos ser.

28. ¿Podemos vivir sin Facebook?

Hija: ¿Mamá, puedo usar la computadora?

Mamá: ¿Ya terminaste la tarea?

Hija: Si, trabajé sin descansar desde que llegué de la escuela.

Mamá: ¿La de física también?, porque tus calificaciones no han sido tan buenas últimamente.

Hija: Que sí; en serio, estoy completamente al corriente.

Mamá: ¿Y qué vas a hacer en la computadora?

Hija: De hecho, quiero entrar a Facebook para abrir una cuenta.

Mamá: Meterte a Facebook, ¿no tienes nada mejor que hacer?

Hija: Pero mamá, ¡todas mis amigas están en Facebook!

Mamá: Bueno, ésa no es una razón. ¿Qué es lo que vas a hacer ahí?

Hija: ¡Chatear, platicar, lo que sea!

Mamá: ¿Y de qué platicarán? Si se ven todos los días.

Hija: De las tareas, de los profesores, de todo... ¡No sé!

Mamá: ¿De verdad crees que es necesario?

Hija: Ay mamá, hasta las abuelitas están en Facebook.

Mamá: Es cierto, pero no por mucho tiempo.

Hija: Yo no veo que eso vaya a cambiar.

MAMÁ: ¿Y de qué te sirve estar ahí?

HIJA: Se pueden hacer grupos con amigas.

MAMÁ: ¿Y de qué hablan?

HIJA: ¡Pues de lo que a cada quien le interesa!, y de sus salidas.

Silencio.

HIJA: ¿Sabes?, sólo tú faltas de estar en Facebook.

MAMÁ: ¿Exageras un poco no? No me molesta ser anticuada, pero hay límites.

HIJA: Te aseguro que te vas a sorprender de todas las personas que conoces en Facebook.

MAMÁ: Bueno, ¡uno tampoco está obligado a hacer lo que todo el mundo hace!

HIJA: ¡Ya sé! Ese es tu lema: no hacer lo que todo el mundo hace. Eres la señora "quiero ser especial y diferente"...

MAMÁ: No, es sólo que me parece que siempre tenemos la presión de imitar a los demás.

HIJA: Eso no te impide hacer lo que los demás hacen cuando es algo práctico: la televisión, el teléfono, la computadora... incluso cantas las canciones que están de moda, te escuché esta mañana en la regadera.

MAMÁ: Es cierto que de todas maneras seguimos la moda. Lo queramos o no, no podemos evitarlo, pero, ¡en ocasiones hay que saber decir que no!

HIJA: Ah, sí, ¡ése es el tipo de cosas que dices, y que yo no entiendo!

MAMÁ: Pues sí, ¡no se puede decir que sí a todo! Ya me cuesta trabajo responder a todos los correos que recibo.

HIJA: Precisamente, en Facebook es más cómodo. En seguida ves quién te escribió y hay otros que responden por ti.

MAMÁ: Ay, eso no lo creo, que otros respondan por ti.

HIJA: Sí, te lo juro. Eso es lo padre, puedes convivir con todos. Alguien te puede defender si otro te critica.

MAMÁ: Precisamente, no me dan muchas ganas de involucrarme en ese tipo de discusión.

HIJA: También puedes darle noticias a tu familia y ver qué es lo que otros están haciendo.

MAMÁ: ¡En eso si tienes razón! Es cierto que no siempre tengo tiempo de llamar a todo mundo y a veces me siento culpable.

HIJA: ¡No es cierto! ¡No lo puedo creer! ¡Mi mamá me da la razón! Y nada menos que sobre Facebook...

MAMÁ: Bueno, eso no quiere decir que me vaya a inscribir.

HIJA: ¿Sabes qué? Me da igual, es suficiente con que me dejes inscribirme.

Reflexión

Es difícil resistirse a las modas informáticas, entre las cuales Facebook es un ejemplo emblemático; al igual que con todas las tendencias sociales, de manera natural se crea una presión ejercida por el entorno. Es un tema muy sensible para los adolescentes en particular, pero también entre los adultos, en diferentes grados: mantenerse a la moda, no parecer anticuado. "Todo nuevo, todo bello" es el lema de esta tendencia modernista o quizá sería mejor llamarla "novedosa".

Este apego a "lo nuevo" está relacionado con la identidad: se busca no identificarse con el pasado, con aquello que quisiéramos borrar para empezar de cero, en particular lo referente a los padres, de quienes deseamos desprendernos, y ante quienes nos rebelamos.

Sin embargo, más allá del fenómeno social, se trata de la atracción natural por la novedad, lo nunca antes visto, aquello que sale de la costumbre; pero de manera inversa, se encuentran aquellas personas que, por el contrario, por medio de ese mismo mecanismo de identidad, se resisten y se refugian en lo antiguo, lo ya establecido.

Pero la moda tecnológica no es sólo un problema de estética, tiene aspectos prácticos. Es, a la vez, más eficiente y más cómoda, y nos presiona porque nos permite permanecer comunicados con los demás. ¿Cómo vivir sin internet en estos días? Hasta el gobierno, una entidad tradicional en sí misma, nos obliga a acceder a la red de varias maneras.

Facebook es un ejemplo de este fenómeno: más de seiscientos millones de personas registradas en el mundo, uno de cada diez humanos, uno de cada diez franceses, de los cuales, la mitad se conecta todos los días. ¿Cómo resistir dignamente sin hacer de esta resistencia una cuestión de honor?

Criticarlo es fácil: la pobreza de los intercambios, el tiempo que se pasa hablando de nada, el exhibicionismo, el narcisismo, la obsesión, la manipulación de los datos personales para efectos comerciales, etcétera; pero algunas personas encuentran ciertas ventajas en el plano práctico, particularmente en el de la comunicación, o en el psicológico: la impresión de tener poder sobre el espacio y el tiempo. La clave está en determinar de manera racional la utilidad y la dosis de tales herramientas, que pueden convertirse en un fin en sí mismo.

29. ¿Por qué existe la violencia?

PABLO: Qué loco, ¿no?

MAMÁ: Sí, de verdad es impresionante. Cada vez que veo estas imágenes, me causan el mismo efecto.

PABLO: Yo tenía cinco años cuando pasó.

MAMÁ: ¿Te acuerdas?

PABLO: No muy bien, un poco. Tenía miedo porque lloraste cuando viste las noticias esa tarde.

MAMÁ: Son imágenes impresionantes, con todas esas personas que corren para todos lados.

PABLO: Lo que me pregunto es cómo la gente puede hacer cosas como esas.

MAMÁ: Esa es la pregunta que nos hacemos todos.

PABLO: Hay que estar loco para querer matar a tantas personas, ¿no?

Silencio.

MAMÁ: Los terroristas que lanzaron este ataque eran gente más bien culta, habían estudiado por mucho tiempo el funcionamiento de los aviones.

PABLO: ¿Entonces cuál es el problema? ¿Son inconscientes o no les importan los demás?

MAMÁ: Es difícil decirlo. He leído muchos artículos sobre el problema, las opiniones están muy divididas.

PABLO: Papá dice que siempre hay que intentar comprender a las personas que no piensan como nosotros, pero esta vez admito que me cuesta trabajo.

MAMÁ: Sin embargo, si escuchas a los terroristas, tienen todo tipo de razones. En este caso, ellos creen que Estados Unidos y el Occidente oprimen a sus pueblos.

PABLO: Se consideran la resistencia, como los que luchaban contra los nazis. Ellos también hacían ataques así, ¿no?

MAMÁ: ¡Y los alemanes llamaban terroristas a la resistencia! ¡Todo depende del punto de vista desde el cual lo veas!

PABLO: ¡Pero, de todas maneras! Llegar al punto de dejarse matar.

MAMÁ: Estos terroristas de los que hablamos desean morir, porque irán al paraíso y serán felices por toda la eternidad. Se trata de otra cosa, totalmente.

PABLO: ¿No crees que se dejaron manipular por otros, que no querían matarse?

MAMÁ: Claro, todo es posible. Cuando una persona está enojada o cuando ha crecido en una situación difícil, es sin duda más fácil de manipular.

PABLO: También puede ser que algunos piensen que así se volverán famosos, todos los medios hablarán de ellos.

MAMÁ: A veces me pregunto si podría convertirme en terrorista.

PABLO: ¿Cómo crees? ¿Por qué harías algo así?

MAMÁ: Cuando ves la situación de algunos países, a veces te convences de que no tendrías nada que perder.

PABLO: ¿Y matarías gente por eso?

MAMÁ: Esto que llamamos terrorismo ciego, donde se mata a gente inocente, incluso a niños, es horrible.

PABLO: Yo creo que nadie tiene el derecho de matar a otra persona, incluyendo la pena de muerte.

MAMÁ: Mira, ¡el mundo dista mucho de ser perfecto! y muchos países están en guerra, de una forma u otra.

PABLO: Incluso en mi escuela, algunos alumnos maltratan a otros, no se sabe bien por qué.

MAMÁ: Parece que la violencia es parte del ser humano. Generalmente está mal, pero, desgraciadamente, puede que sea necesario, es difícil juzgarlo.

Reflexión

Para oponerse a la ola de terrorismo que nos azota fuertemente desde hace algunos años, se han realizado varios estudios a fin de comprender mejor el fenómeno. Había que descubrir por qué y cómo ciertas personas optan por ese camino, para actuar directamente sobre las causas. De ese modo, han surgido diversas hipótesis.

La hipótesis psicológica, consiste en decir que la "personalidad terrorista" es engendrada por diferentes traumatismos de la infancia. El compromiso radical es entonces una manera de compensar las heridas, un medio de "consolidar una psicología fragmentada".

La hipótesis social consiste en un comportamiento racional, una convicción, un compromiso vinculado con la defensa de una sociedad oprimida. Algunos grupos funcionan como la correa de transmisión que legitima ese comportamiento por medio de su discurso y hacen al terrorismo plausible, eficaz, moralmente justificable como estrategia de combate. Se puede pensar que el terrorismo es el arma del débil, cuya debilidad se hace presente tanto en el plano psicológico, como en el político.

La hipótesis doctrinal, que explica la dimensión autoritaria del dogma, su naturaleza radical, ya sea política o religiosa, favorece el sacrificio último, así como la devaluación de un enemigo juzgado e indigno de cualquier tipo de piedad.

Las diferentes tesis pueden combinarse y reforzarse fácilmente. Los problemas suelen ser multifactoriales. En el pasado, se ha intentado presentar al terrorista como un ignorante o inconsciente que se puede manipular fácilmente, pero varios casos específicos, como los de ingenieros o profesores nos hacen abandonar esta tesis, aunque no sea del todo falsa.

Se puede añadir a esta idea que en el contexto actual, mediatizado, se puede escoger la vía del terrorismo como un modo de reconocimiento, una manera de salir del anonimato y de darle "valor" a la vida, pero es difícil dar una explicación única a este fenómeno. Sea cual sea la explicación certera, parece que esta forma de violencia está lejos de desaparecer, por lo cual, sin duda, este es el momento de meditar sobre la organización del mundo y el modelo social desde casa.

30. ¿Por qué le tememos al cambio?

HIJA: Hay una nueva niña en mi clase. ¡Es muy rara!

PAPÁ: ¿Qué hizo?

HIJA: Nada en especial, su forma de ser.

PAPÁ: ¿Cómo es, entonces? ¿Por qué te parece tan rara?

HIJA: Ya sabes, no le habla a nadie... Pero de verdad, a nadie.

PAPÁ: A lo mejor tú podrías tomar la iniciativa.

HIJA: Sí lo hice, con mi amiga. Intentamos hablarle, pero es como si le molestara.

PAPÁ: ¿No les quiso hablar? ¿No les dijo nada?

HIJA: Apenas. Básicamente nos dijo que no éramos nada en comparación con el lugar de donde ella venía. ¡Se debía haber quedado, si estaba tan bien!

PAPÁ: En la vida, uno no siempre hace lo que quiere. Claramente, ella hubiera preferido quedarse donde estaba. Es comprensible.

HIJA: Esa no es razón para tratarnos así. Tampoco somos tontas.

PAPÁ: No tiene nada que ver con ustedes, le molesta el hecho de haber cambiado de lugar.

HIJA: ¿Y por qué estará tan molesta de cambiar de lugar?

PAPÁ: ¿Te acuerdas del mes pasado, cuando vino tu tía?

HIJA: ¡¿Qué tiene que ver?!

PAPÁ: ¿Te acuerdas que estabas de mal humor?

HIJA: Bueno, ¡no estaba realmente de mal humor! Es sólo que no me gusta prestar mi cuarto. ¡Fue toda una semana!

PAPÁ: Tuvimos oportunidad de comprobarlo. ¿Y sabes por qué te exasperaba?

HIJA: ¡De pronto sacas las palabras domingueras! No me exasperaba, pero no tenía todas mis cosas.

PAPÁ: Podías irlas a buscar a tu cuarto, ¿no? Era muy sencillo.

HIJA: ¡Bueno, bueno!, lo admito. Tienes razón, a mí también me molesta el cambio, no me gusta que me alteren mis pequeños hábitos. ¿Estás contento?

Silencio.

HIJA: ¡Pero igual me pregunto por qué el cambio nos molesta tanto!

PAPÁ: ¡Tú lo has dicho! Las cosas no son como siempre y eso es incómodo.

HIJA: Sí, pero mira, cuando voy de vacaciones, mis hábitos cambian y me gusta.

PAPÁ: Ese es un buen argumento, pero lo más difícil de aceptar, creo, es el hecho de no tener opción.

HIJA: ¡No soy yo la que decide ir de vacaciones al mar!

PAPÁ: Sí, pero te conviene, bien podrías haberla tomado tú misma. Entonces, es lo mismo.

HIJA: Entonces, es el hecho de que alguien nos imponga algo que no nos gusta.

PAPÁ: No necesariamente alguien, pueden ser las circunstancias o la naturaleza de las cosas.

HIJA: Pero mira a esta niña, podría divertirse aquí, con nosotros, pero parece que prefiere estar de mal humor.

PAPÁ: Lo más difícil del cambio es adaptarse. A uno le parece que no volverá a ser el mismo.

HIJA: **¿Qué quieres decir con eso?**

PAPÁ: Cuando las cosas cambian en el exterior, uno también cambia internamente, eso es lo difícil.

HIJA: **¿Quieres decir que interiormente no queremos cambiar? Eso ya lo había pensado, cuando me doy cuenta que es difícil crecer y que a veces me hubiera gustado seguir siendo niña. Era más fácil, pero bueno...**

Reflexión

Entre las tensiones que pugnan en nuestra cabeza y en nuestra existencia hay una importante generada entre la permanencia y el cambio.

Nosotros somos los que somos, tenemos una identidad, una personalidad, un carácter, una historia. Vivimos en un lugar y seguimos un modo de vida, nos definimos por medio de ciertas funciones y relaciones privilegiadas.

Todo lo que existe se caracteriza también por una cierta estabilidad, una experiencia, y es lo mismo tanto para los seres humanos como para todo lo existente.

Se necesita un catalizador, alguna cualidad que haga a una entidad lo que es y que nos haga ser lo que somos, pero al mismo tiempo, todo lo que conocemos y pensamos está dotado también de cierta variabilidad, de cierta maleabilidad y con el paso del tiempo todo cambia más o menos rápidamente, o llega a su fin en un periodo más o menos largo.

Algunas veces, cuando vemos hacia el pasado nos cuesta trabajo reconocernos, ya sea de manera positiva o negativa, y cuando miramos hacia el futuro esperamos mucho, a tal grado que nos creamos fantasías.

El cambio se nos impone, en ocasiones lo esperamos, en otras le tememos o nos alegra, y en otras tantas lo lamentamos. La dimensión imprevisible del cambio se opone a nuestro deseo de control o de dominio. Su naturaleza obligatoria y necesaria frustra nuestro deseo de libertad y de omnipotencia. La enfermedad y la muerte son dos aspectos dramáticos de esta ineludible fatalidad de la transformación. Es una terrible modificación porque representa una corrupción de nuestro ser, insoportable por irreversible e inevitable.

Podemos, en cierta medida, tolerar el cambio o incluso apreciarlo. ¿Pero hasta qué punto podemos aceptarlo o soportarlo? El cambio puede ser interno o externo, cuantitativo o cualitativo, esencial o secundario, necesario o aleatorio, benéfico o nefasto, deseado o tolerado, pero sea como sea, no lo podemos evitar. A modo de consuelo, siempre podemos meditar la frase de Charles Darwin, el gran apóstol del cambio: "Las especies que sobreviven no son las más fuertes ni las más inteligentes, sino aquellas que se adaptan mejor".

31. ¿Qué es una obra de arte?

FANNY: ¿Mamá, ya viste este cuadro?

MAMÁ: ¿Cuál? ¿Éste todo azul?

FANNY: Sí, ¿te gusta?

MAMÁ: No puedo decir que me entusiasme.

FANNY: ¿Sabes qué me recuerda? Cuando papá intentó pintar el baño y no pudo ponerle más que una mano.

MAMÁ: Sí me acuerdo. Incluso le pregunté si intentaba hacer arte abstracto.

FANNY: Sí, había manchas y sombras… Nos burlamos de él.

MAMÁ: Después, tuve que llamar al pintor para terminar el trabajo, si no…

FANNY: Pero entonces, ¿por qué está este cuadro en el museo? Me pregunto cómo se decide que un cuadro tiene valor y que debe estar colgado en un muro para que todos lo vean.

MAMÁ: De eso, hija mía, no sé realmente nada. Me imagino que se eligen las pinturas famosas.

FANNY: Eso lo entiendo, pero ¿cómo se hace famoso un pintor?

MAMÁ: Pues hay algunos a quienes se les conoce desde hace mucho, porque marcaron la historia del arte.

FANNY: Está bien, pero hablando de los nuevos, de los que no son conocidos, ¿cómo se les escoge? ¿Quién los escoge?

MAMÁ: Me parece que hay expertos, personas que estudian arte y que conocen de eso.

FANNY: ¿Un poco como científicos de arte? ¿Pero no crees que estén influenciados por sus propios gustos?

MAMÁ: Es cierto que en las ciencias se realizan experimentos, se pueden presentar pruebas, son más objetivas.

FANNY: ¡Los artistas que escogen, puede que hasta sean sus amigos!

MAMÁ: También pueden evaluar el aspecto técnico de una obra y su originalidad, porque han visto muchas. Además, tienen que justificar sus decisiones.

FANNY: Me parece que se puede ver lo que quieras en este cuadro. Basta saber escribir. Lo vimos en clase, cuando estudiamos argumentación. Como cuando un abogado defiende a un criminal, ¡siempre puede inventar argumentos!

Silencio.

MAMÁ: Observa por un momento el cuadro. Si lo ves bien, es como una especie de experimento azul. Se empiezan a percibir tintes muy diferentes de azul, que se funden unos con otros; se puede decir que es un gran viaje en azul.

FANNY: Es un poco como si nunca hubieras observado bien el azul. Es una iniciación al azul ¡qué tal! Estoy de acuerdo, aunque no sea mi género favorito de pintura.

MAMÁ: ¿Sabes?, me tomó mucho tiempo interesarme en el arte abstracto, antes, para mí lo mejor era el figurativo.

FANNY: Me imagino que por eso existen expertos, que han estudiado más y ven más rápido que los otros la importancia de las tendencias nuevas.

MAMÁ: Yo creo que a veces incluso no tienen tanta importancia, pero en fin, los gustos y los colores, ya sabes...

FANNY: No crees que también haya razones financieras, cuando te enteras que hay cuadros que se venden en una fortuna, sin saber por qué.

MAMÁ: Es posible. En el arte, como en todo, el dinero cambia las cosas, el enriquecimiento reina sobre la honestidad.

FANNY: Al final, me gustó este cuadro... al menos, nos dio de qué hablar.

Reflexión

¿Qué hace que una pintura sea seleccionada entre varias obras como digna de figurar en un museo? ¿Por qué una pintura se vende mucho más cara que otra? Es difícil responder categóricamente a estas preguntas. No se puede más que conjeturar y admitir una gran cantidad de escepticismo en relación con los criterios utilizados para formular tales juicios, porque la historia del arte ha sido desde siempre una cadena ininterrumpida de estilos establecidos, codificados y de rupturas en las convenciones.

De acuerdo con los diferentes lugares y épocas, tal o cual forma artística se declara bella o normativa y ciertas de estas obligaciones estilísticas durarán más que otras.

De esta manera, también podríamos preguntarnos cómo se deciden y se articulan las transiciones o cambios radicales. Antes eran principalmente las autoridades políticas o religiosas quienes tomaban tales decisiones, por razones personales, sociales o ideológicas. Con el paso del tiempo, se ha podido producir una cierta "democratización" del gusto: la popularidad de tal artista o de tal estilo otorga o no valor a una obra determinada, sin que por ello sea más "confiable". Sin embargo, las modas también son afectadas, si no es que enteramente determinadas por una élite: la de los profesionales del arte, en la cual se mezclan de manera confusa, la experiencia técnica, el sentido estético, las posiciones ideológicas, las preocupaciones financieras o comerciales, las relaciones personales y las preocupaciones institucionales.

¿Cómo decidir que determinada elección estética resalta lo arbitrario, el interés personal, un cierto gusto o una intuición innovadora? Si justamente la función del arte es asombrar y cuestionar las convenciones, no deberá sorprender una obra escandalosa. Siempre se podrá, sin embargo, argumentar que el escándalo es provocado por la vacuidad de la obra, porque no es más que una vana provocación o una simple manipulación. Se podrán escuchar los argumentos de un extremo y de otro, y reflexionar por uno mismo, pero, ¿se podrá y se deberán razonar o universalizar los gustos?

32. ¿Por qué somos celosos?

ISABEL: ¡Cómo me choca esa niña!

MAMÁ: ¡No me digas que estás hablando otra vez de Alejandra!

ISABEL: ¡Alejandra! ¿Ves? ¡Hasta su nombre me molesta!

MAMÁ: No entiendo lo que pasó. Era tu mejor amiga y después de un tiempo, te pusiste en su contra. ¿Qué te hizo?

ISABEL: Nada, sólo que me parece demasiado presumida.

MAMÁ: ¡Estás enojada con ella porque te parece presumida! ¿Te trata mal? ¿Te ignora?

ISABEL: ¡Te digo que no; me molesta mucho cómo se comporta!

MAMÁ: ¿De qué hablas?

ISABEL: Todo el mundo habla de ella, los profesores, los alumnos, los niños, ¡parece que es la única que existe!

MAMÁ: ¿Cómo?

ISABEL: Todos los profesores le hacen cumplidos, ¡todo el mundo quiere ser su amigo!

MAMÁ: Todos los profesores, todo el mundo… ¿no es demasiado?

ISABEL: ¿Ya ves? Hasta tú la defiendes.

MAMÁ: Yo no la defiendo, sólo intento entender.

Silencio.

135

MAMÁ: Dime, esta molestia que sientes, ¿no serán simples celos?

ISABEL: ¡Para nada! Admito que me molesta demasiado y que no vale la pena, pero no estoy celosa.

MAMÁ: Sin embargo, esto me recuerda al año pasado, cuando te molestaba tu hermano porque pensabas que le poníamos demasiada atención.

ISABEL: Estaban todo el tiempo ahí, con él, ¡el niño maravilloso!, pero eso fue el año pasado, ya cambié...

MAMÁ: ¿Por qué piensas que no estás celosa?

ISABEL: Porque los celos se sienten cuando tienes miedo de que te bajen a tu pareja. ¡Como tú, cuando te parece que papá es muy amable con la señora de enfrente!

MAMÁ: Bueno, como sea, ¡no mezcles las cosas! Además, yo no me altero tanto...

ISABEL: ¡No son celos, porque no estoy enamorada de ella!

MAMÁ: De alguna manera es cierto, no son celos, se podría decir que es mejor dicho, envidia, aunque las dos palabras se confunden a menudo.

ISABEL: ¿Qué es la envidia? ¿Es cuando tenemos ganas de algo?

MAMÁ: Es una especie de tristeza o de enojo que sentimos cuando alguien tiene algo importante que nosotros quisiéramos tener.

ISABEL: Pero yo no quiero tener lo que ella tiene.

MAMÁ: ¿No crees que en el fondo quisieras tener también la popularidad y tantos amigos como dices que tiene Alejandra?

ISABEL: No realmente, porque ¡hasta parece estúpido! Prefiero quedarme como estoy.

MAMÁ: ¡Eso empieza a parecer rencor! ¿No crees que te gustaría tener al menos una parte de su suerte o de su popularidad?

ISABEL: Si es para andar de presumida, ¡no le veo para qué!

MAMÁ: Sí, pero como tú no eres Alejandra, ¡la popularidad no se te subiría a la cabeza como a ella! ¿No es cierto?

ISABEL: **Bueno, está bien, ¡ya entendí! Sí, tengo un poco de celos o de envidia, como tú quieras, ¡pero nada más!**

MAMÁ: Sí, claro, nada más. Si entendí bien, las cosas pueden ser más complicadas de lo que parecen...

Reflexión

Los celos son el sentimiento que nos mueve cuando pensamos que un ser amado nos abandona o que parece preferir a alguien más en lugar de nosotros. El simple temor de tal situación puede engendrar celos. Eso sucede tanto en el contexto amoroso como filial o fraternal, e incluso en el de la amistad. El término se aplica también cuando nos inquietamos por la tensión o miedo de perder algún objeto, posesión, estatus o prerrogativa.

En ese sentido, los celos están vinculados con algo que creemos poseer y que tememos perder. A menudo se confunde con la envidia, a tal grado que se utiliza una palabra en lugar de la otra, tanto así que los términos "envidia" y "envidioso" tienden a desaparecer en el lenguaje corriente, salvo para designar un deseo inmediato.

La envidia es, por el contrario, el deseo de poseer algo que no se tiene, que alguien más tiene y desearíamos tener, a menudo porque pensamos que merecemos más que el otro el objeto o bien. Los objetos de la envidia son comúnmente la riqueza, el éxito, el reconocimiento, el amor, el poder, etcétera; es decir, los principales valores y ventajas que busca el ser humano. La envidia desemboca fácilmente en un impulso destructor.

Los celos son una emoción que sobrevive desde la infancia, como consecuencia del apego que conlleva el amor. Está compuesta de pensamiento o de representaciones concretas y de sentimientos como el miedo, la tristeza, la frustración, el hastío, la ira o el odio. Sin embargo, también se puede concebir a los celos y a la envida como cualidades positivas o necesarias, en tanto que representan un factor dinámico en las relaciones humanas y en la realización del ser, porque los celos se apoyan por lo general en la noción de un ideal o de la perfección.

El problema de los celos es, sin embargo, su proyección desmesurada hacia la intransigencia y la obstinación, a tal grado de engendrar la paranoia, como lo muestra la famosa obra de Shakespeare: *Otelo*. Los celos siempre expresan una falta de autonomía y eso es una de las principales fuentes de problemas en las relaciones humanas, pues nadie puede sentirse completo ni perfecto, sino imaginariamente.

33. ¿Son confiables las apariencias?

Hija: ¡Es realmente increíble esa chava, no puedo creer que sea así!

Papá: Estoy de acuerdo contigo, las hijas son muy sorprendentes.

Hija: No, pero realmente, ¡yo que confiaba en ella y todo! ¡De verdad no esperaba que me traicionara así!

Papá: Bueno, ¿qué papel juego yo en este asunto?

Hija: Dime, ¿alguna vez te ha pasado que te equivocaste completamente al juzgar a alguien?

Papá: ¡Sí me ha pasado... y yo diría que a menudo... y creo que no sólo a mí! Es un problema común.

Hija: ¿Por qué crees que nos dejamos engañar así?

Papá: Pues... no es fácil conocer verdaderamente a alguien, ni a uno mismo.

Hija: ¡Sí, pero da igual! ¡Cuando ves a alguien todos los días, si es tu amiga y cuando has platicado con ella tantas veces!

Papá: Sí, puedo entender tu sorpresa, pero algunas veces, las personas actúan y un día se descubre quienes son, o bien, las circunstancias cambian las cosas. Cuando una persona tiene problemas o cuando se enamora, puede cambiar completamente, ¿sabes?

Hija: ¡Entonces no se puede confiar en nadie! Es horrible...

PAPÁ: Tú por ejemplo, hija, cambias mucho de humor, un día eres amable y quieres platicar o ayudar en casa, al otro día eres insoportable y no piensas más que en tus cosas.

HIJA: ¡No es cierto!

Papá continúa leyendo su periódico. La hija se sienta con aire meditativo.

HIJA: ¿Entonces no se puede conocer nunca realmente a una persona?

PAPÁ: ¿Qué te digo? Se dice que las apariencias engañan. Hasta las cosas, no se puede saber exactamente qué son sólo por su apariencia.

HIJA: ¿Cómo? ¡Las cosas no cambian, cómo crees!

PAPÁ: ¡Nuestra perspectiva cambia! Por ejemplo, los hongos, algunos son bonitos, otros son venenosos, otros son muy feos, pero buenos para comer.

HIJA: Sí, y ¿qué es lo que debo concluir?

PAPÁ: Que es igual para todo, incluyendo los seres humanos. Las apariencias nos pueden hacer creer alguna cosa, pero la realidad es otra.

HIJA: ¿Y las flores entonces? Nos gusta que sean bonitas y que huelan bien y eso es todo. ¿Son sólo apariencia?

PAPÁ: No está mal tu idea. Si nuestra hija es bonita, decorará bien la casa y nos olvidamos del resto, aunque no sea muy lista.

HIJA: ¡Muy gracioso, muy gracioso! Pero, ¿qué es lo que realmente podemos conocer de las cosas?

PAPÁ: Es lo que la ciencia intenta hacer, pero siempre se descubren nuevas verdades sobre las cosas y a menudo se descubre que estábamos equivocados. Es la historia de la ciencia, encontrar los errores. Pero a nosotros nos toca descubrir lo que nos ocurre en la vida por nosotros mismos.

HIJA: ¡Entonces nunca conocemos más que las apariencias!

PAPÁ: No tenemos que pensar que las apariencias son sólo mentiras o que son falsas. Forman parte de la realidad de las cosas, nos hacen ver las cosas, como en el caso de las flores o como lo que te gustaba de tu amiga, sigue siendo la misma.

HIJA: De acuerdo, pero cuando vemos las apariencias no vemos lo demás.

PAPÁ: ¡Eres muy exigente! ¿Realmente crees que se puede ver todo y saber todo de alguna cosa o de alguien? Siempre queda el misterio.

HIJA: Bueno, ese misterio de las cosas y la gente puede ser muy interesante, pero no me gusta mucho.

Reflexión

La oposición del ser y de las apariencias es una de las parejas contrarias más fundamentales y antiguas en la filosofía. Desde siempre, nos hemos preguntado si lo que percibimos es confiable o no, si nuestro conocimiento del mundo es real, si existe una realidad diferente más allá de lo que vemos y conocemos. Ya sea en la magia, en la ciencia o en la religión, existe una sospecha siempre latente: no conocemos más que las apariencias, la realidad más profunda se nos escapa, puede ser incluso que nunca tengamos acceso a ella.

Incluso en lo que respecta a nosotros mismos, invocamos esta interioridad inaccesible, tanto en el prójimo como en nosotros, a pesar de todas nuestras introspecciones. Lo que debemos reconoce es que: independientemente de cuantas ocasiones nos equivoquemos o nos vayamos a equivocar, la verdad sustancial se descubre cuando perdemos nuestras ilusiones o cuando aquello que considerábamos imposible se realiza. La misma historia de la ciencia no es más que un conjunto de desafortunadas hipótesis que no duran más que un tiempo.

Desde luego, más de uno criticará esa perspectiva y afirmará, por ejemplo, que no existe nada más allá de lo que se nos presenta; o bien, intentará advertirnos de las especulaciones ociosas que nos hacen creer en realidades ulteriores. "Más vale pájaro en mano que un ciento volando", nos dice el refrán, y, de manera muy natural, por la fuerza de atracción de la inmediatez, las apariencias nos lo hacen recordar a menudo.

Puede ser también que en este mundo no haya más que apariencias, ¡solamente el fenómeno!, dicen los filósofos, pero... ¿por qué habría uno de conformarse sólo con lo que se nos presenta inmediatamente?

El concepto de moda, de indumentaria o cualquier otro, por medio de la popularidad, nos explica o nos demuestra que ahí se encuentra la clave de la felicidad. Complacer a los demás es lo más importante: para ser reconocido, para ser amigo, para ser amado, para ser apreciado. Después de todo, la apariencia es eficaz para obtener lo que deseamos.

Suponiendo que existe el ser y la apariencia, ¿cuál es la relación? ¿La apariencia tiene por función esconder al ser y hacerlo inalcanzable o, por el contrario, revelarlo? ¿El maquillaje sirve para mostrar, embellecer y dar valor al rostro de la mujer o para esconder sus arrugas, su palidez y sus imperfecciones? Las dos interpretaciones son válidas.

34. ¿Cómo reaccionar a la humillación?

Papá: ¡Oye, sí que te tardaste al teléfono!

Víctor: ¡Puedo decir que valió la pena!

Papá: ¡Ah bueno! ¿Y de qué hablaron?

Víctor: ¡De la profesora de español! No está bien lo que hace.

Papá: Ella otra vez… de verdad que es tu coco. ¿Qué pasó esta vez?

Víctor: ¿Sabes que esta mañana sacó a Max en plena clase?

Papá: No, pero me imagino que me vas a informar y me imagino que es algo verdaderamente escandaloso.

Víctor: Ah, sí, me gustaría verte en nuestro lugar; si te tratara como a nosotros.

Papá: Puede que tengas razón. Dime, pues, lo que le dijo al pobre Max.

Víctor: "Si extrapoláramos el vacío de tu redacción al estado de tu cerebro, ¡admito que me espantaría!", eso le dijo.

Papá: ¡Vaya, sí que tiene dominio del lenguaje! Se expresa con originalidad, ¿no crees?

Víctor: ¿Ves? A ti te parece original; a nosotros, humillante. Un profesor no tiene por qué hablarnos de esa manera.

PAPÁ: ¿No es posible que estén un poco sensibles a veces?

VÍCTOR: No, nos parece que ésa es una total falta de respeto hacia nosotros. ¡Es humillante y no lo vamos a aceptar! Estamos discutiendo sobre lo que vamos a hacer, con los representantes de clase.

PAPÁ: ¿Y crees realmente que una observación como ésa amerite una reacción como ésta?

VÍCTOR: No es la primera vez que humilla a alguien en clase.

PAPÁ: Me parece que intenta ser graciosa y, como siempre, el humor puede o no apreciarse.

VÍCTOR: Y Max ¿no me preguntas cómo se siente por haber sido denigrado delante de todo el grupo?

PAPÁ: ¿Max, el que yo conozco, que es más bien tranquilo? ¿Él se siente humillado?

VÍCTOR: De hecho él nos dijo que lo dejáramos pasar, que no es tan grave, pero creo que es porque le da miedo tener problemas con su papá.

PAPÁ: Está un poco complicado su problema; si entiendo bien, ustedes están humillados en representación de Max.

VÍCTOR: Es que no es la primera vez que esta profesora actúa así. La otra vez como estaba teniendo problemas, me dijo: "¡Estás aquí de decoración!"

PAPÁ: ¿Sabes qué? La humillación no es solamente lo que la otra persona hace o dice, sino cómo lo sientes tú.

VÍCTOR: Precisamente, a nosotros no nos sienta nada bien.

PAPÁ: Pero también podríamos preguntarnos por qué algunas personas se sienten humilladas y otras no.

VÍCTOR: ¿Y cuál es tu explicación?

PAPÁ: Que algunas personas tienen una alta opinión de ellas mismas y no soportan ser criticadas o, por el contrario, no tienen una buena opinión de ellas mismas y tampoco soportan la crítica. De todas maneras, las dos llegan a donde mismo.

Víctor: Entonces tú dices que si no tuviéramos problemas de identidad, ¿nadie nos podría humillar?

Papá: Más o menos. Estaría bien, ¿no?

Víctor: Con tu sistema la profesora podría decirnos lo que quisiera. ¿No hay que "sentirse" humillado y asunto resuelto?

Papá: No, pero podrían examinar con más calma lo que dice y decidir racionalmente si les está faltando al respeto o no, antes de dejarse llevar y levantar un reclamo deshonesto.

Víctor: De todas maneras, ¡ustedes los papás siempre están del lado de los profesores!

Análisis

Si tomamos al pie de la letra la construcción del verbo "humillar", éste significa "hacer humilde". Esa idea podría parecer más bien positiva si constituyera una forma de sabiduría que se opusiera al orgullo, ese defecto tan común entre nuestros congéneres. Sin embargo, en el lenguaje corriente, la palabra humillar tiene una connotación negativa casi inmediata. Se trata de ridiculizar a alguien, de mostrar desprecio al degradar a una persona, provocándole vergüenza por medio de actos o palabras; insultándola o haciéndole perder toda dignidad y respeto hacia sí misma.

Es solamente en un contexto religioso, en la forma pronominal, como en "humillarse ante Dios", que podemos encontrar una acepción un tanto más positiva. Sin duda se puede, ante la omnipotencia infinita de Dios, y si lo ha decidido uno mismo, aceptar nuestra condición de humilde mortal. Aun así, esta expresión tiene una connotación de castigo para el infortunado pecador, que puede resultar absurda para el no-creyente.

Todo aquello que nos hace humildes se percibe entonces como una amenaza; un ataque a la integridad de nuestro ser. Y ser denigrado es ver nuestra identidad reducida a migajas, a casi nada; se trata de percepción, de símbolos, de construcción y, por tanto, de imagen de uno mismo; individual y en ocasiones también colectiva.

Algunos utilizan esta humillación colectiva como un arma de guerra, evidenciando el poder de la humillación. Sin embargo, a veces olvidamos muy rápidamente que si la humillación tiene cabida es porque existe una fragilidad específica en el ser humano. No hay nada parecido ni nada comparable entre los animales, sólo el ser humano no evidencia una naturaleza predeterminada —como lo han analizado los filósofos— sino una elaboración: un espejo, una conciencia, un juicio de sí mismos al cual le atribuimos un valor moral y llamamos respeto. No es tan sorprendente que seamos tan sensibles a la amenaza de la humillación.

35. ¿Todo se acaba?

PAPÁ: ¿Y bien? ¿Te divertiste en el viaje escolar?

HIJA: ¡Bah!

PAPÁ: ¡No es muy entusiasta tu respuesta! Pareces decepcionada. ¿Peleaste con tus amigas?

HIJA: ¿Cómo crees? No me peleé. ¿Por qué siempre piensan que me peleé con mis amigas?

PAPÁ: No, "nosotros" no pensamos siempre que te pelees con tus amigas, como dices, pero es que acabas de llegar después de una semana de ausencia y apenas nos saludas. Tenemos derecho a preguntarte qué te pasa, ¿no crees?

HIJA: ¿Pero por qué hay que explicar todo en esta casa? ¿No me pueden dejar tranquila?

Se va bruscamente a su habitación. Regresa algunos minutos más tarde, con los ojos llorosos.

HIJA: Perdón, estoy un poco alterada. De hecho estoy triste, pero no quiero admitirlo.

PAPÁ: Bueno, cuando uno está triste, suele haber algo de enojo detrás.

HIJA: Papá, dime por qué las cosas se terminan siempre tan rápido.

PAPÁ: ¿Crees realmente que sólo las cosas buenas se acaban?

HIJA: No, ¡pero así es! Todo estaba muy padre allá. Había buen ambiente, nos estábamos divirtiendo, platicábamos todos juntos, todo el mundo se llevaba bien, ¡hasta los profesores eran divertidos!

PAPÁ: Pues sí, todas las cosas tienen un fin... tanto las buenas como las malas.

HIJA: ¿Por qué son siempre las cosas buenas las que se terminan más rápido y no las malas?

PAPÁ: ¡Eres extraña cuando te lo propones!

HIJA: No veo por qué estoy siendo extraña. No es la primera vez que lo digo.

PAPÁ: Mira, cuando estás enferma no estás contenta, porque no te sientes bien. Sin embargo, en ese momento no piensas que la mayor parte del tiempo no estás enferma.

HIJA: No entiendo bien lo que me quieres decir.

PAPÁ: Pues que nos encantan las cosas cuando están bien y eso nos parece normal, nos acostumbramos, pero cuando algo no está bien, nos quejamos. Entonces, ahí está el problema, se nos olvidan esos momentos en los cuales las cosas van bien.

HIJA: A mí me parece normal preferir que las cosas vayan siempre bien. ¡No hay que ser masoquista!

PAPÁ: ¡Precisamente! Puede ser que estemos siendo masoquistas cuando no sabemos aceptar que todo lo que existe tiene un final. Nos frustramos y sufrimos inútilmente. Hasta a la muerte hay que aceptarla, es parte de la vida.

HIJA: ¡Está un poco raro tu sistema!

PAPÁ: No me lo parece. Mira, en lugar de decir que pasaste buenos momentos en la montaña y de gozar tus recuerdos, estás aquí sintiéndote mal con el pretexto de que ya se terminó, ¿eso no es ser masoquista?

Hija: ¡Pues sí, pero yo en lugar de los recuerdos, prefiero la realidad!

Papá: Yo no creo que te guste tanto la realidad, si no aceptas que las cosas tienen un final. Lo que tú quieres es el paraíso, todo debería ser perfecto, justo como lo deseas y nada debería cambiar.

Hija: ¿Sabes qué?, prefiero estar insatisfecha e intentar mejorar las cosas, en lugar de aceptar cualquier cosa. No importa si eso me hace desgraciada.

Reflexión

Todo lo que existe, objeto, ser viviente o fenómeno, nace y muere. Eso es lo que parece constituir la lógica de las cosas. Sólo las abstracciones —ideas, leyes o principios— pueden considerarse eternas. Este límite de duración es la forma primaria del concepto de finitud. Sin embargo, ese límite tiene consecuencias: las cosas efímeras no sólo no son eternas, sino que se saben frágiles, imperfectas e inestables. Así pasa con todo aquello que concierne al ser humano quien, por esa razón, hace permanente la experiencia de la frustración, de la decepción y del dolor.

Tenemos esperanzas, expectativas, costumbres, y la realidad temporal viene periódicamente —si no es que a menudo— a contrariarlas. Entonces, nos encontraremos con dos opciones: ya sea que combatamos esta finitud, para frenar esa mecánica, con más o menos éxito o validez; o bien, que la aceptemos por lo que es, esta actitud podrá ser considerada indistintamente como sabiduría o cobardía.

La especificidad del problema humano es que no solamente nosotros estamos sometidos a este principio de finitud sino que, al contrario de los objetos, nosotros estamos conscientes de ello, desde el simple hecho de que nosotros podemos nombrar, pensar y olvidar esa realidad.

Los animales cuando mucho la percibirán, pero nosotros la distinguimos; y por tanto, sufrimos doblemente la finitud. Sin embargo, por eso podemos modificarla un poco; por ejemplo, al aplazar o precipitar el momento de la muerte. Cada uno de nosotros está condenado a definir su propia finitud, de buen o mal grado. La finitud también puede concebirse como la fuente de nuestras desgracias, como una condición de la existencia, como la encarnación de nuestra libertad, o incluso, como la oportunidad de enfrentarnos a nosotros mismos. Corresponde a cada quien decidir como pueda y como quiera, de acuerdo con su conciencia, su voluntad, su valentía, su generosidad, su capacidad de abnegación, de adaptación, de iniciativa o de moderación. Absolutamente nada nos impide negarnos a pensar en ello, bastará con no sorprendernos si esa realidad nos alcanza a la vuelta de la esquina.

36. ¿Debemos temer al éxito?

MAMÁ: ¿Todo bien, hija? Te ves muy estudiosa, pero no veo que escribas nada en tu cuaderno.

HIJA: Es que el profesor de español nos dejó un trabajo muy raro.

MAMÁ: ¡Ah, ya! ¿De qué se trata? ¿Tienes que escribir por qué los papás somos lo más maravillosos del mundo?

HIJA: ¡Muy graciosa! No, hay que comentar la cita de un filósofo chino que se llama Lao Tsé

MAMÁ: ¡Mira, qué original! Yo nunca había escuchado hablar de filósofos chinos. ¿Y qué dice este filósofo?

HIJA: Escribió que: "El fracaso es la base del éxito".

MAMÁ: ¿Y qué es lo que tienes que hacer con eso?

HIJA: Se supone que tenemos que hacer un comentario argumentado, ilustrando con ejemplos de la vida corriente.

MAMÁ: Bueno, no debería ser tan difícil. No me parece tan mal tu cita y es muy realista.

HIJA: Sí, claro… ¡A mí me parece incomprensible! Es más, cuando tú me preguntas si aprobé mis exámenes y te digo que no, no dices: "¡Bravo hija, esa es la base del éxito!"

MAMÁ: ¡Qué graciosa es mi hija!

HIJA: Sí, muy graciosa, pero tu hija no sabe por dónde empezar su trabajo.

MAMÁ: Es simple. Comienza con lo que te está pasando ahora. Ese siempre es un buen inicio.

HIJA: Lo que me pasa, es que no tengo ni la menor idea, no sé qué escribir.

MAMÁ: Ya lo veo, pero no es la primera vez que tienes que redactar algo y que te cuesta trabajo empezar...

HIJA: ...y siempre me molesta.

MAMÁ: Sin embargo, siempre lo logras y tus calificaciones en español no son tan malas, por lo que sé.

HIJA: ¿Y qué hago con todo eso de Lao Tsé?

MAMÁ: Seguro que ves la relación con la cita, es evidente.

HIJA: ¡Ah, claro! Tengo éxito haciendo mi trabajo, porque no puedo hacerlo. Sí, es muy lógico.

MAMÁ: Con un poco de esfuerzo y un poco menos de mala actitud, estoy segura que vas a resolver ese problema de lógica.

HIJA: Sí, y Lao Tsé comienza a parecerse a todos los adultos que conozco: hay que esforzarse si se quiere tener éxito en la vida y aprender siempre de sus propios errores. ¿Entendí bien?

MAMÁ: Yo diría que va un poco más allá. Creo también hay que aceptar el hecho de fracasar para poder tener éxito.

HIJA: Bueno, ¡yo no veo la diferencia!, pero si es eso, ya sé qué escribir, aunque no tenga muchas ganas de tener éxito.

Reflexión

El ideal del éxito parece una obligación moral. "¡Hay que tener éxito!", ordenan de una manera u otra los padres a sus hijos, sino es que a ellos mismos. En ese sistema de valor, el fracaso siempre será imperdonable, nos hace desgraciados. ¿De dónde viene esta suposición tan evidente? El humano es un ser de deseos, de proyectos, de ideales, y satisfacer nuestras expectativas constituye una buena parte de nuestra actividad cotidiana. Tan es así que, contrariamente a los animales, nosotros fabricarnos varias necesidades y carencias, reales o superficiales, sensatas o insensatas; por ello, tener éxito es obtener el resultado "deseado", el éxito consiste en realizar lo que esperábamos y hacer que la realidad corresponda a nuestras expectativas.

Aquí se encuentran varios problemas: por una parte, el éxito corresponde a menudo a las expectativas de la sociedad, más que a los de la persona misma y ello engendra cierta alienación. Además, el significado corriente del término "éxito" significa obtener la aprobación general, se trata de ser amado, de seducir.

Adicionalmente, el éxito toma a menudo un aspecto exclusivamente material, por ejemplo, el hecho de tener una ocupación bien remunerada, con un estatus imponente. En fin, la connotación que se le dé, a la dificultad, al error y a la derrota, los convierte en sinónimos de desgracia y de vergüenza. Todo resultado desfavorable a nuestros esfuerzos se considera como una catástrofe, toda frustración de nuestras esperanzas es insoportable; sin embargo, puede ser que debamos aprender que de cierto modo, el fracaso es más provechoso que el éxito, pues nos hace crecer.

37. ¿Anhelar la emancipación?

HIJO: De verdad no entiendo a Carlos, cada vez que tenemos fiesta o que salimos, dice que no puede ir.

PAPÁ: Puede ser que no quiera ir y no se atreva a decirlo.

HIJO: No, no lo creo. Se ve que quiere ir, se ve triste, pero sus papás no lo dejan salir.

PAPÁ: ¿Y por qué no quieren? Puede ser que tengan buenas razones. ¿Has hablado con él?

HIJO: No está muy claro. Dicen que tiene trabajo que hacer.

PAPÁ: Es lo mismo para ti a veces, cuando tienes trabajo, no te dejamos salir.

HIJO: ¡Sí, pero con él es todo el tiempo! ¡Además, no me vas a decir que si vamos al cine a las siete, va a estar trabajando a esa hora!

PAPÁ: Los padres no quieren que sus hijos vean cualquier película, eso ya lo sabes.

HIJO: Sólo que todos los demás papás, empezando por ti y mamá, están de acuerdo con la película, todos menos los suyos y siempre es así.

PAPÁ: Ya no sé qué más decirte. ¿Ya intentó hablar con ellos?

Hijo: Tú conoces a sus papás, los has visto en las reuniones de papás e hijos. Tú mismo me dijiste una vez que siempre están nerviosos de lo que va a pasar con él porque es hijo único.

Papá: Eso no impide que él hable con ellos, ¿no?

Hijo: Creemos que no se atreve. Es como si tuviera miedo. Una vez comí en su casa, es un poco raro, son amables, pero parece que en realidad no hablan las cosas.

Papá: No es fácil ser papá ni tomar decisiones para tus hijos. Queremos tener confianza y a la vez estamos nerviosos, queremos tomar las mejores decisiones, pero tenemos miedo de equivocarnos.

Hijo: ¿Y nosotros no tenemos derecho a opinar en todo esto?

Papá: Claro, pero de acuerdo con la ley, si un menor hace alguna tontería, los padres son los responsables.

Hijo: ¡No vamos a robar un banco a nuestra edad!

Papá: Dime, ¿te acuerdas de aquella vez que jugabas con la pelota en la calle y estuviste punto de provocar un accidente serio?

Hijo: ¡Ay, sí, pero estaba chiquito!

Papá: Muy grande o muy chico, sabes que siempre se puede actuar imprudentemente. Incluso si lo que intentan es ser responsables, si tu amigo no habla con sus padres, también tiene su parte de responsabilidad.

Hijo: En eso estoy de acuerdo. Es como si prefiriera no molestarse y se castiga a él mismo.

Reflexión

Emanciparse significa liberarse, salir de una tutela, de una dominación que nos impide decidir las cosas por nosotros mismos y ejercer el libre albedrío. *A priori*, se puede pensar que cada individuo desea cierta libertad, pero si observamos las cosas más de cerca, no siempre es así.

Kant critica al ser humano que se confina a un estado de minoridad psicológica y moral del cual es responsable, porque rechaza hacer uso de su propio entendimiento por falta de decisión y de valor. En lugar de emanciparse, prefiere aferrarse a las costumbres. Sartre critica a aquellos que se sirven también de las circunstancias para justificar su manera de ser y de actuar, en lugar de privilegiar sus propios proyectos y acciones.

Existen diferentes formas de dependencia: jurídica, moral, psicológica, etcétera. Uno se puede emancipar de ellas o no, fácil o difícilmente, de forma natural o por medio de combate. La manera más clásica de dependencia es la minoría de edad jurídica, que obliga a un menor. En ciertos países, también existe la dependencia de la mujer con respecto de su esposo, incluso de un hombre a otro, porque la esclavitud todavía existe.

La cuestión de la emancipación encierra siempre una especie de conflicto, porque es una cuestión de poder, con intereses psíquicos, sociológicos, económicos y otros. Los dos protagonistas —controlador y controlado— son parte esencial de este conflicto, cada uno con su parte de responsabilidad. Viéndolo más de cerca, puede uno percibir que, en ocasiones, esta dependencia es una especie de refugio o bien, estrategia de comodidad.

Epílogo

Al llegar a este apartado, puede ser que haya usted leído todo el libro. Puede ser que haya intentado utilizar las lecturas para comenzar discusiones con sus hijos, y puede ser que lo haya logrado de manera más calmada, más enriquecedora. Eso es lo que esperamos, aunque no pensamos que baste solamente con leer una obra para dominar todas las diferencias familiares. Sin embargo, tal vez ayude cambiar tan sólo un poco las perspectivas para lograr hacer una diferencia, para tomar un poco de distancia, para aligerar la tensión y los roces, para saber escuchar y para presentar mejor las ideas.

En un plano más general, puede ser que la presente obra haya suscitado en los padres e hijos el deseo de comprender mejor lo que hablan, de profundizar en los temas que les preocupan y comprenderse mejor, de aprender a ver al otro como un interlocutor, más que como un obstáculo para la tranquilidad o para cumplir sus caprichos. Sin embargo, enfrentar ese reto es una tarea larga, a la cual se le puede tomar gusto, aunque parezca ardua y, en ocasiones, imposible.

Hablemos con ellos, de Oscar Brenifier
se terminó de imprimir en junio de 2014
en Quad/Graphics Querétaro, S. A. de C. V.,
Fracc. Agro Industrial La Cruz El Marqués
Querétaro, México.